Impressum
Verlag: BABADADA GmbH, Nedderfeld 112 , 22529 Hamburg
Geschäftsführer / Verlagsleitung: Harald Hof
Druck: Books on Demand GmbH, In de Tarpen 42, 22848 Norderstedt

Imprint
Publisher: BABADADA GmbH, Nedderfeld 112 , 22529 Hamburg, Germany
Managing Director / Publishing direction: Harald Hof
Print: Books on Demand GmbH, In de Tarpen 42, 22848 Norderstedt

مدرسه

shule

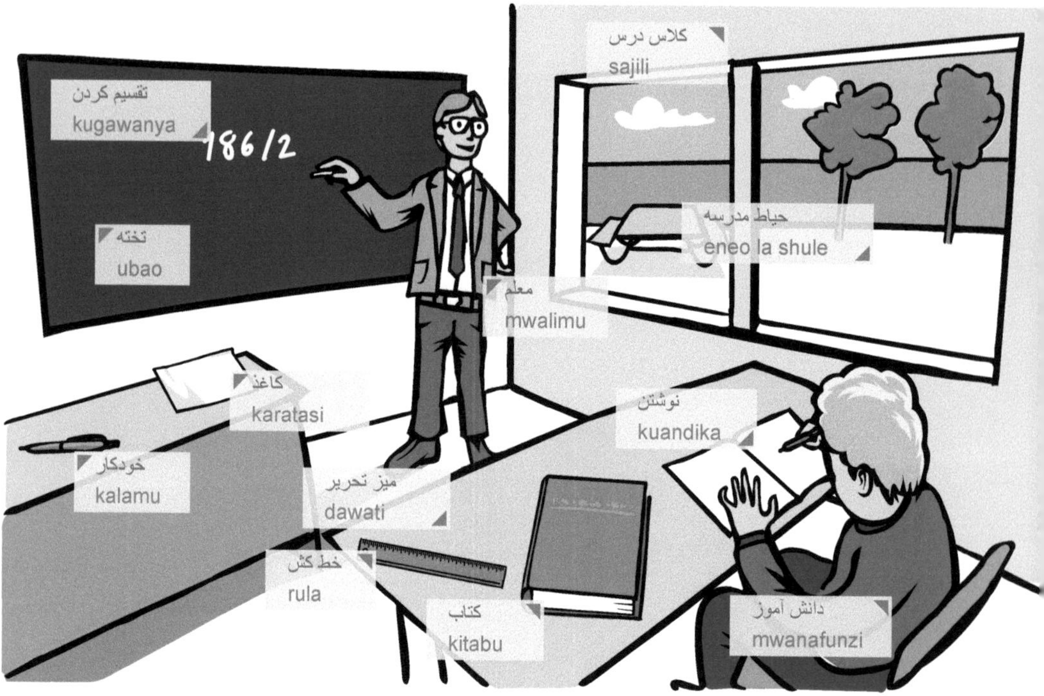

کلاس درس
sajili
تقسیم کردن
kugawanya
186/2
تخته
ubao
حیاط مدرسه
eneo la shule
معلم
mwalimu
کاغذ
karatasi
نوشتن
kuandika
خودکار
kalamu
میز تحریر
dawati
خط کش
rula
کتاب
kitabu
دانش آموز
mwanafunzi

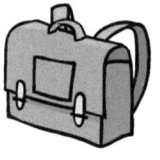

کیف مدرسه

mkoba

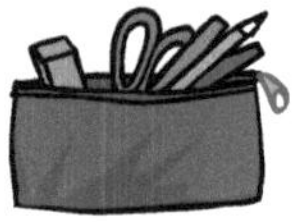

جامدادی

kikasha cha penseli

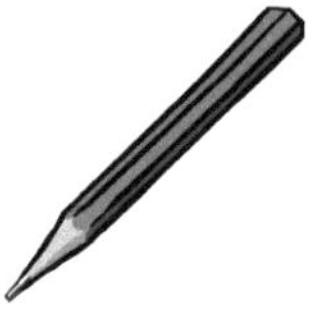

مداد

penseli

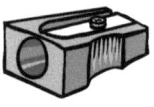

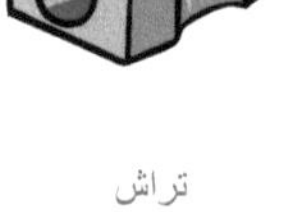

تراش

kichonga penseli

پاک کن

mpira

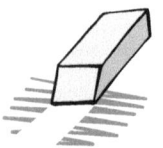

دفتر رسم

pedi ya kuchora

طراحی

uchoraji

قلم مو

brashi ya rangi

جعبه ی ابرنگ

sanduku la rangi

قیچی

mkasi

چسب

gundi

کتاب تمرین

daftari

تکلیف خانه

kazi ya nyumbani

12

رقم

nambari

2+2

جمع کردن

jumlisha

5-2

تفریق کردن

ondoa

2×2

ضرب کردن

zidisha

محاسبه کردن

kokotoa

A

حرف الفبا

barua

ABCDEFG HIJKLMN OPQRSTU VWXYZ

الفبا

alfabeti

hello

کلمه

neno

متن
....
maandishi

خواندن
....
kusoma

گچ
....
chaki

درس
....
somo

ثبت نام
....
sajili

امتحان
....
uchunguzi

مدرک رسمی
....
cheti

لباس مدرسه
....
sare za shule

تحصیلات
....
elimu

دانشنامه
....
elezo

دانشگاه
....
chuo kikuu

میکروسکوپ
....
darubini

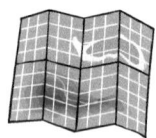

نقشه
....
ramani

سبد کاغذ باطله
....
kikapu cha kuweka karatasi
chafu

سفر

usafiri

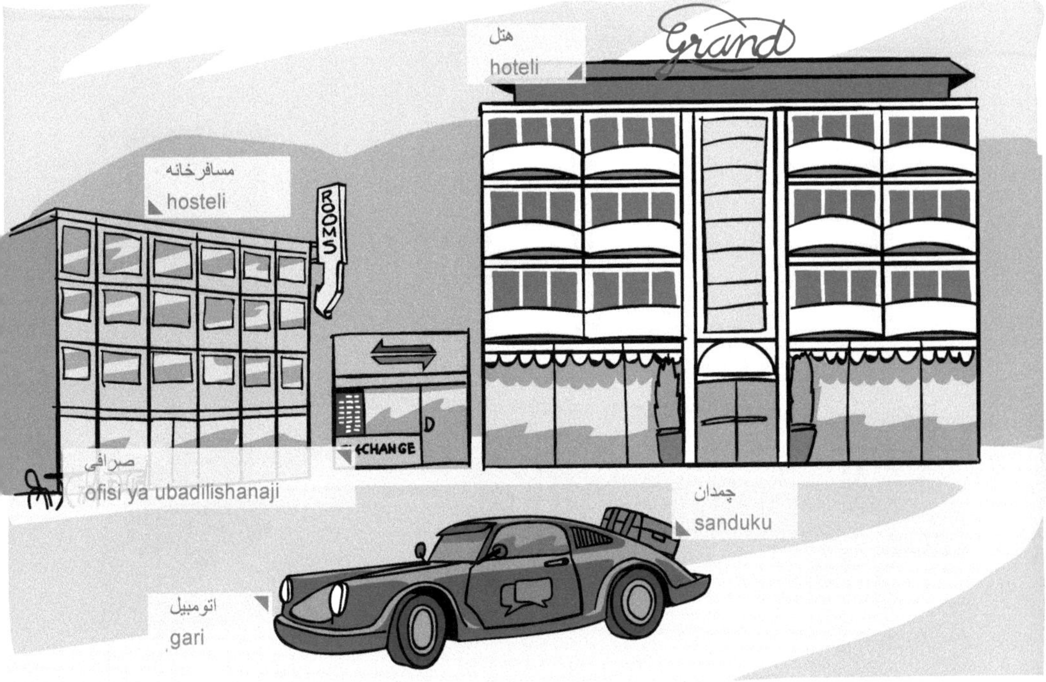

هتل
hoteli
Grand
مسافرخانه
hosteli
ROOMS
EXCHANGE
صرافی
ofisi ya ubadilishanaji
چمدان
sanduku
اتومبیل
gari

زبان

lugha

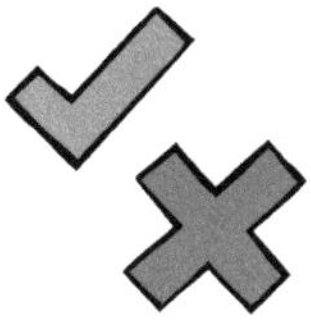

بله / خیر

ndiyo / la

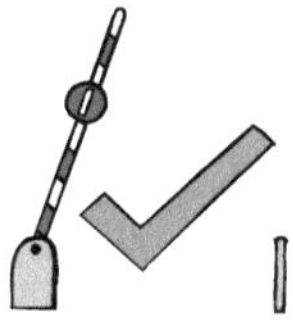

اکی

sawa

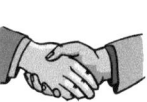

سلام

hujambo

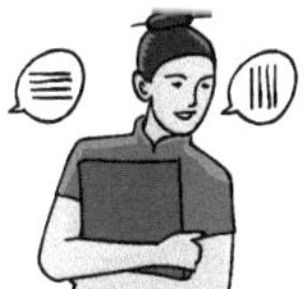

مترجم

mtafsiri

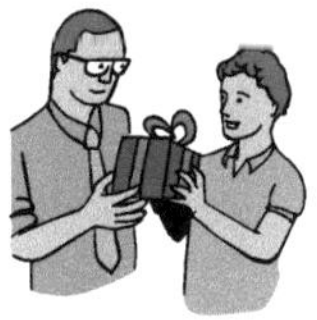

ممنون

Asante

قیمت ... چه قدر است؟

kiasi gani ni ...?

من متوجه نمی شوم

Sielewi

مشکل

tatizo

عصر بخیر! / شب بخیر!

Jioni njema!

صبح بخیر!

Habari za asubuhi!

شب بخیر!

Usiku mwema!

خداانگهدار

kwa heri

جهت

mwelekeo

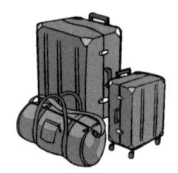

بار سفر

mizigo

کیف

mfuko

کوله پشتی

shanta

مهمان

mgeni

اتاق

chumba

کیسه خواب

begi la kulalia

خیمه

hema

مرکز راهنمای گردشگران

taarifa ya utalii

ساحل

ufuo

کارت اعتباری

kadi

صبحانه

kifunguakinywa

نهار

chakula cha mchana

شام

chakula cha jioni

بلیط

tiketi

آسانسور

kuinua

مهر

muhuri

مرز

mpaka

گمرک

mila

سفارتخانه

ubalozi

ویزا

visa

گذرنامه

pasipoti

حمل و نقل
usafiri

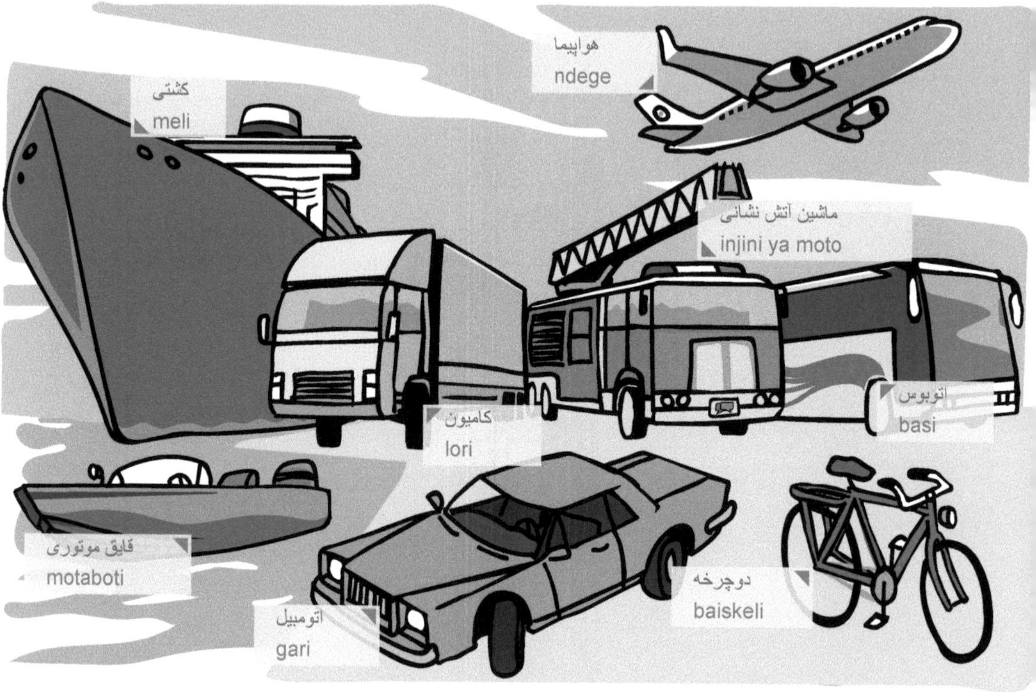
هواپیما
ndege
کشتی
meli
ماشین آتش نشانی
injini ya moto
اتوبوس
basi
کامیون
lori
قایق موتوری
motaboti
دوچرخه
baiskeli
اتومبیل
gari

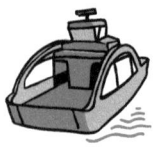

کشتی مسافربری
feri

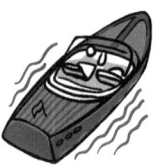

قایق
mashua

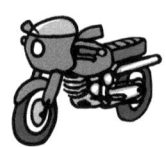

موتورسیکلت
pikipiki

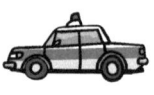

ماشین پلیس
gari la polisi

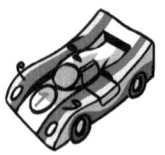

ماشین مسابقه
gari la mashindano

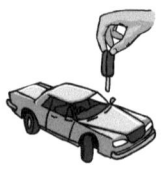

ماشین کرایه ای
gari la kukodisha

به اشتراک گذاری اتومبیل

kushiriki gari

جرثقیل

lori la kuvuta

ماشین حمل زباله

ukusanyaji taka

موتور

motor

بنزین

mafuta

پمپ بنزین

kituo cha mafuta

تابلو راهنمایی و رانندگی

ishara trafiki

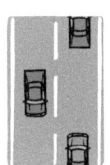

عبور و مرور

trafiki

ترافیک

msongamano

پارکینگ

maegesho

ایستگاه قطار

kituo cha treni

ریل راه آهن

reli

قطار

garimoshi

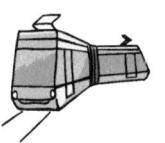

قطار برقی

tremu

واگن

gari la mizigo

هلیکوپتر

helikopta

فرودگاه

uwanja wa ndege

برج

mnara

مسافر

abiria

کانتینر

chombo

کارتن

katoni

گاری

mkokoteni

سبد

kikapu

به پرواز درآمدن / فرود آمدن

ondoka

شهر

jiji

دهکده

kijiji

مرکز شهر

katikati ya jiji

خانه

nyumba

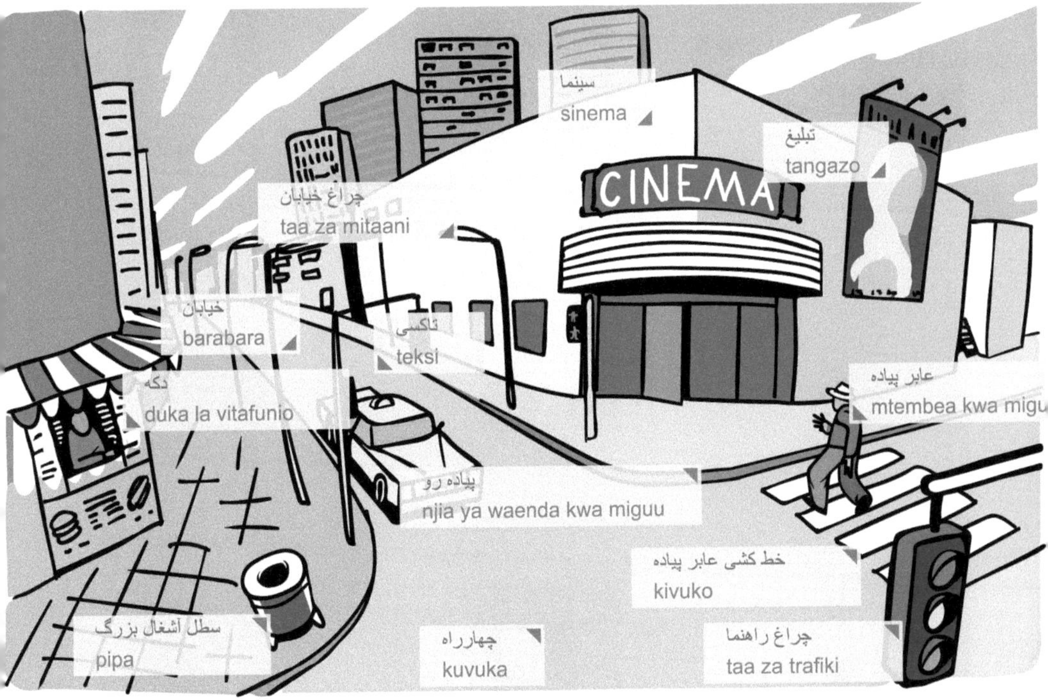

سینما
sinema
تبلیغ
tangazo
CINEMA
چراغ خیابان
taa za mitaani
خیابان
barabara
تاکسی
teksi
دکه
duka la vitafunio
عابر پیاده
mtembea kwa migu
پیاده رو
njia ya waenda kwa miguu
خط کشی عابر پیاده
kivuko
سطل آشغال بزرگ
pipa
چهارراه
kuvuka
چراغ راهنما
taa za trafiki

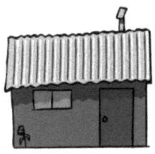

کلبه

kibanda

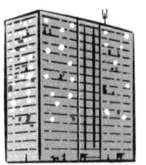

آپارتمان

gorofa

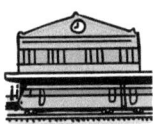

ایستگاه قطار

kituo cha treni

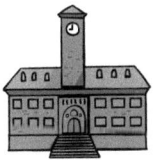

ساختمان شهرداری

ukumbi wa mji

MUSEUM

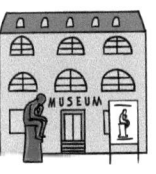

موزه

Makavazi

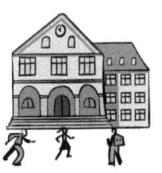

مدرسه

shule

دانشگاه

chuo kikuu

بانک

benki

بیمارستان

hospitali

هتل

hoteli

داروخانه

duka la dawa

اداره

ofisi

کتابفروشی

duka la kitabu

مغازه

duka

گل فروشی

duka la maua

سوپرمارکت

dukakuu

بازار

soko

فروشگاه بزرگ

idara ya kuhifadhi

ماهی فروش

mwuza samaki

مرکز خرید

kituo cha ununuzi

بندر

bandari

پارک

Hifadhi

نیمکت

benki

پل

daraja

پله

vidato

مترو

chini ya ardhi

تونل

handaki

ایستگاه اتوبوس

kituo cha mabasi

میخانه

bar

رستوران

mgahawa

صندوق پست

sanduku la posta

تابلوی خیابان

ishara ya barabara

دستگاه پارکومتر

mita ya maegesho

باغ وحش

bustani ya wanyama

استخر شنای عمومی

kidimbwi cha kuogelea

مسجد

msikiti

مزرعه

shamba

آلودگی محیط زیست

uchafuzi

قبرستان

makaburini

کلیسا

kanisa

زمین بازی

uwanja wa michezo

معبد

hekalu

چشم انداز

mazingira

برگ
jani

تابلوی راهنمای مسیر
ishara ya mwelekeo

راه
njia

چمنزار
malisho

سنگ
jiwe

درخت
mti

راه نورد
mtembeaji wa masafa

رودخانه
mto

چمن
nyasi

گل
ua

دره
....
bonde

تپه
....
kilima

دریاچه
....
ziwa

جنگل
....
msitu

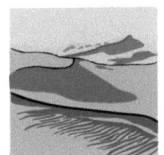

بیابان
....
jangwa

کوه آتشفشان
....
volkano

قلعه
....
ngome

رنگین کمان
....
upinde wa mvua

قارچ
....
uyoga

درخت نخل
....
mtende

پشه
....
mbu

مگس
....
kuruka

مورچه
....
chungu

زنبور
....
nyuki

عنکبوت
....
buibui

سوسک

mende

قورباغه

chura

سنجاب

kuchakuro

جوجه تیغی

nungunungu

خرگوش صحرایی

sungura

جغد

bundi

پرنده

ndege

قو

swan

گراز

nguruwe mwitu

گوزن نر

kulungu

گوزن شمالی

aina ya kongoni

سد آب

bwawa

توربین بادی

tabo ya upepo

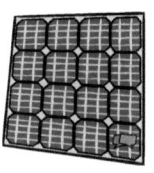

صفحه ی خورشیدی

nishaji ya jua

آب و هوا

hali ya hewa

رستوران

mgahawa

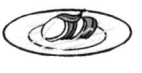

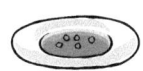

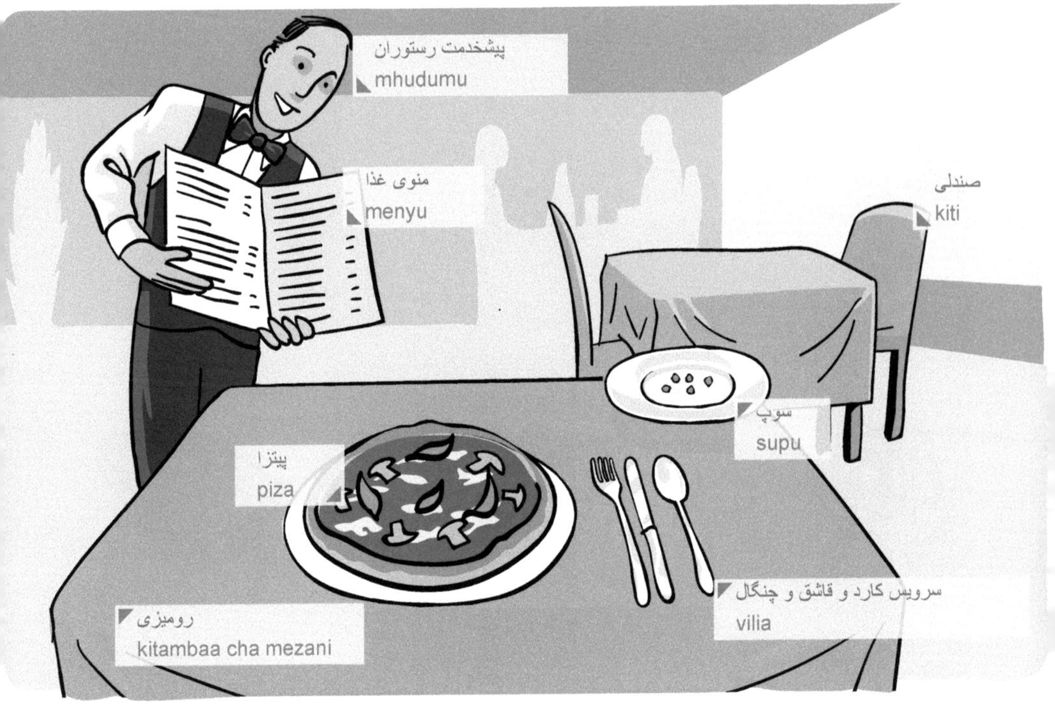

پیشخدمت رستوران
mhudumu
منوی غذا
menyu
صندلی
kiti
سوپ
supu
پیتزا
piza
سرویس کارد و قاشق و چنگال
vilia
رومیزی
kitambaa cha mezani

پیش‌غذا

kiamsha hamu

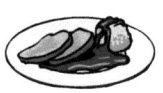

غذای اصلی

kozi kuu

دسر

kitindamlo

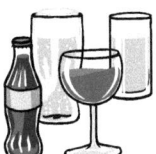

نوشیدنی ها

vinywaji

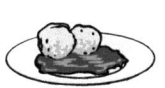

غذا

chakula

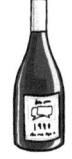

بطری

chupa

فست فود

chakula cha haraka

اغذیه خیابانی

Streetfood

قوری

buli

قندان

kisanduku cha sukari

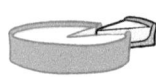

پُرس غذا

sehemu

دستگاه اسپرسو

mashine ya espresso

صندلی پایه بلند غذاخوری بچه

kiti kirefu

صورتحساب

muswada

سینی

trei

چاقو

kisu

چنگال

uma

قاشق

kijiko

قاشق چایخوری

kijiko cha chai

دستمال سفره

nepi

لیوان

glasi

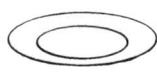

بشقاب

....

sahani

بشقاب سوپخوری

....

sahani ya supu

نعلبکی

....

sufuria

سس

....

mchuzi

نمکدان

....

kichanyaji chumvi

فلفل ساب

....

kinu cha pilipili

سرکه

....

siki

روغن خوراکی

....

mafuta

ادویه جات

....

viungo

سس کچاپ

....

kechapu

سس خردل

....

haradali

سس مایونز

....

kachumbari nzito

سوپرمارکت

dukakuu

پیشنهاد ویژه
ofa maalum
FOR
مشتری
mteja
لبنیات
maziwa
میوه جات
matunda
چرخ دستی خرید
toroli

BUTCHERS

قصابی

mchinjaji

BAKERY

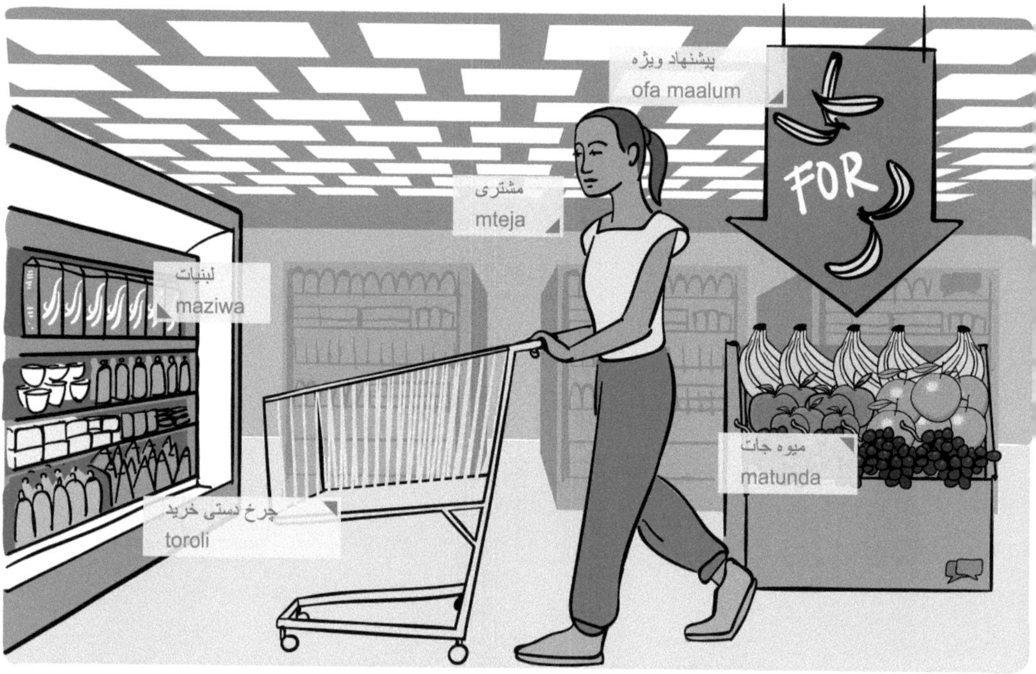

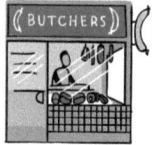

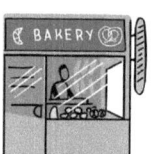

نانوایی

mwokaji

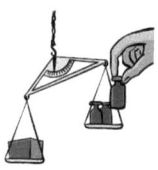

وزن کردن

uzito

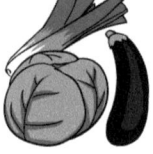

سبزیجات

mboga

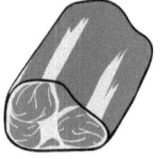

گوشت

nyama

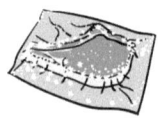

غذای منجمد

chakula waliohifadhiwa

مخلوطی از انواع کالباس یا پنیر که
ورقه ای بریده شده باشند

vipande vya nyama baridi

غذای کنسروی

chakula cha kopo

پودر لباسشویی

sabuni ya unga

شیرینی جات

pipi

لوازم خانگی

bidhaa za kaya

ماده شوینده و پاک کننده

bidhaa za kusafisha

فروشنده

mtu mauzo

صندوق پرداخت

mpaka

صندوقدار

keshia

لیست خرید

orodha ya manunuzi

ساعات کار

masaa ya ufunguzi

کیف پول

mkoba

کارت اعتباری

kadi

کیف

mfuko

کیسه ی پلاستیکی

mfuko wa plastiki

آب

maji

آبمیوه

sharubati

شیر

maziwa

نوشابه کوکاکولا

coke

شراب

mvinyo

آبجو

bia

الکل

pombe

کاکائو

kakao

چای

chai

قهوه

kahawa

قهوه اسپرسو

spreso

کاپوچینو

kapuchino

موز

ndizi

سیب

tufaha

پرتقال

machungwa

انواع هندوانه و خربزه

tikiti

لیمو

lemon

هویج

karoti

سیر

kitunguu saumu

نی بامبو

mianzi

پیاز

kitunguu

قارچ

uyoga

آجیل

karanga

ماکارونی

nudo

اسپاگتی

spageti

برنج

mpunga

سالاد

saladi

سیب زمینی سرخ کرده

vibanzi

سیب زمینی سرخ شده

viazi vya kukaanga

پیتزا

piza

همبرگر

hambaga

ساندویچ

sandwichi

شنیتسل

kipande

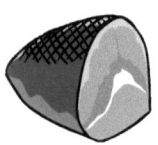

ژامبون خوک

paja la mnyama

سالامی

salami

سوسیس

soseji

مرغ

kuku

نوعی گوشت سرخ شده

choma

ماهی

samaki

جوى پرک شده

oats ya uji

نوعى صبحانه مخلوطى از برگه ذرت و
میوه های خشک شده و خشکبار که
معمولا با شیر خورده می شود

muesli

کورنفلکس

cornflakes

آرد

unga

کرواسان

kroisanti

نان بروتشن

andazi

نان

mkate

نان تست

mkate wa kubanika

بیسکویت

biskuti

کره

siagi

کشک

maziwa mgando

کیک

keki

تخم مرغ

yai

تخم مرغ نیمرو

yai kukaanga

پنیر

jibini

بستنی

aiskrimu

شکر

sukari

عسل

asali

مربا

jemu

کرم شکلاتی بادامی

kuenea kwa chokoleti

ادویه کاری

mchuzi wa viungo

مزرعه
shamba

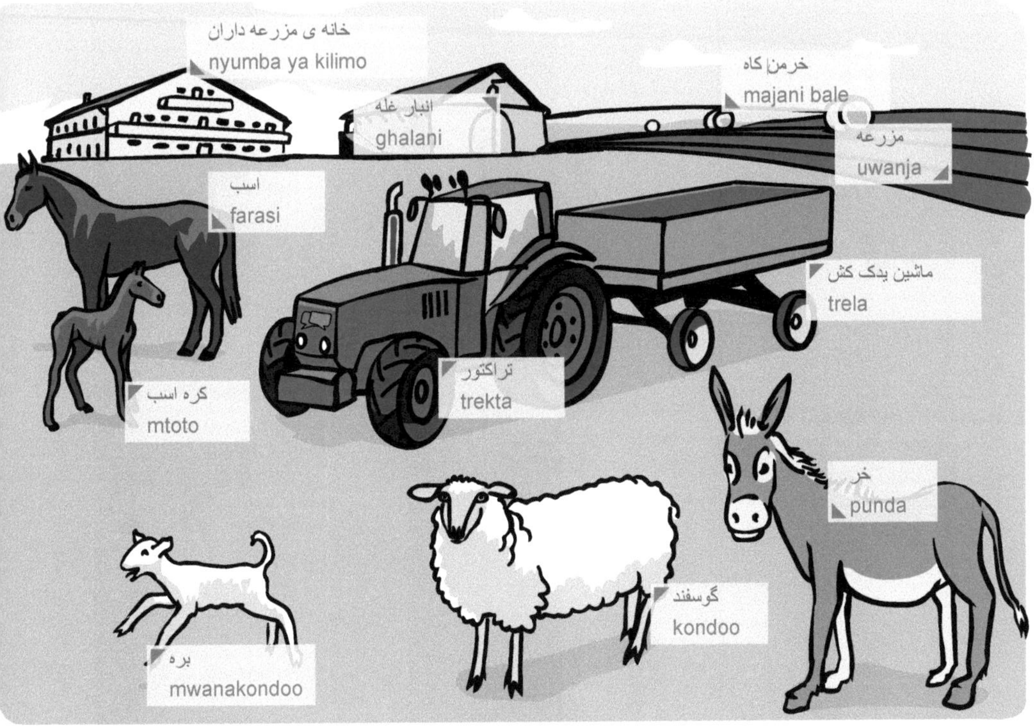

خانه ی مزرعه داران
nyumba ya kilimo
خرمن گاه
majani bale
انبار غله
ghalani
مزرعه
uwanja
اسب
farasi
ماشین یدک کش
trela
تراکتور
trekta
کره اسب
mtoto
خر
punda
گوسفند
kondoo
بره
mwanakondoo

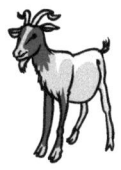

بز

mbuzi

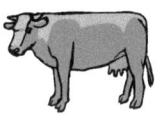

گاو ماده

ng'ombe

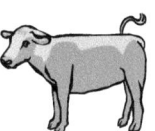

گوساله

ndama

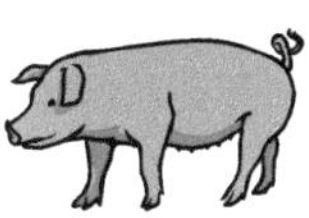

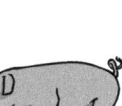

خوک

nguruwe

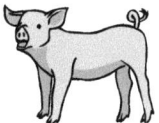

بچه خوک

mwananguruwe

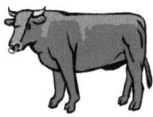

گاو نر

fahali

غاز
....
batabukini

اردک
....
bata

جوجه
....
kifaranga

مرغ
....
kuku

خروس
....
jogoo

موش صحرایی
....
panya

گربه
....
paka

موش
....
panya

گاو نر اخته
....
ng'ombe

سگ
....
mbwa

لانه ی سگ
....
nyumba ya mbwa

شلنگ باغبانی
....
bomba la bustani

آبپاش
....
debe la kumwagilia maji

داس دسته بلند
....
fyekeo

گاوآهن
....
kulima

داس

mundu

کج بیل

jembe

چنگک باغبانی

uma wa nyasi

تبر

shoka

فرقون

toroli

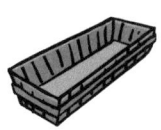

آبشخور

kupitia nyimbo

بطری نگهداری شیر

chombo cha maziwa

کیسه

gunia

حصار

ua

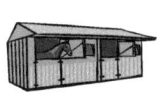

اصطبل

imara

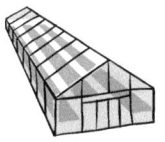

گلخانه

chafu

خاک

udongo

بذر

mbegu

کود

mbolea

ماشین کمباین

kivunaji

برداشت کردن محصول

mavuno

محصول

mavuno

تمیس

viazi vikuu

گندم

ngano

سویا

soya

سیب زمینی

viazi

ذرت

mahindi

کلزا

rapa

درخت میوه

mti wa matunda

گیاه مانیوک

muhogo

غلات

nafaka

خانه

nyumba

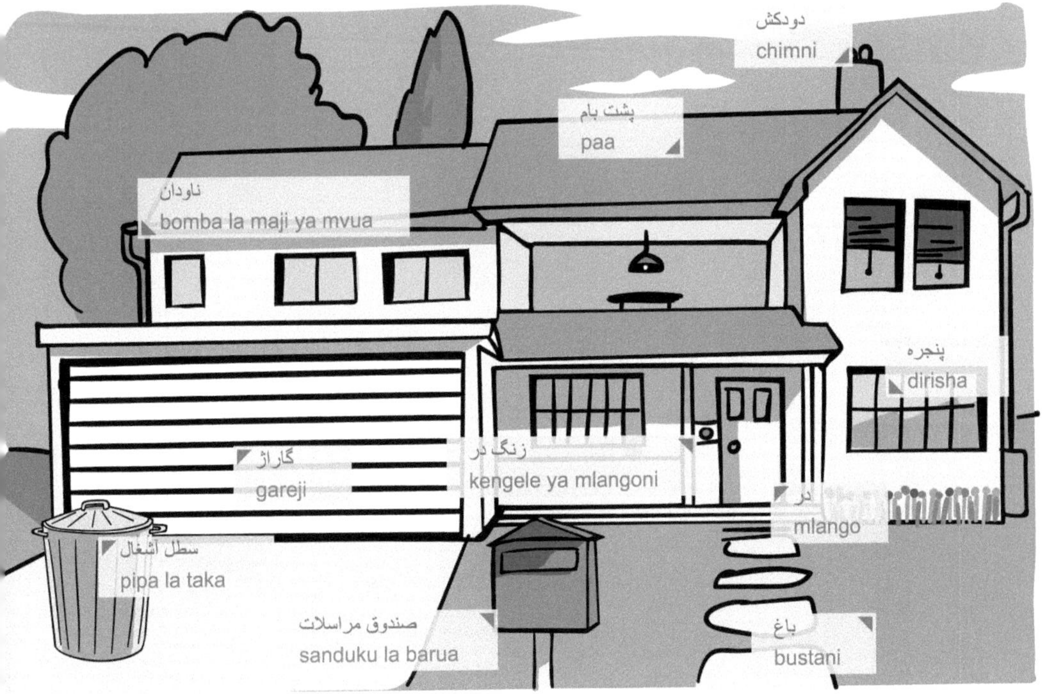
دودکش
chimni
پشت بام
paa
ناودان
bomba la maji ya mvua
پنجره
dirisha
گاراژ
gareji
زنگ در
kengele ya mlangoni
در
mlango
سطل آشغال
pipa la taka
صندوق مراسلات
sanduku la barua
باغ
bustani

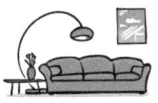

اتاق نشیمن

sebuleni

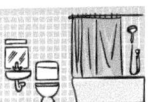

حمام

bafu

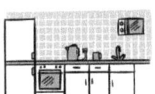

آشپزخانه

jikoni

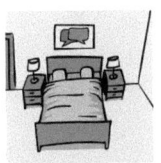

اتاق خواب

chumba cha kulala

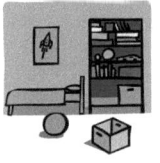

اتاق بچه

chumba ya mtoto

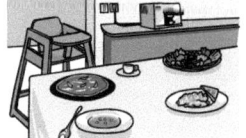

ناهارخوری

chumba cha kulia

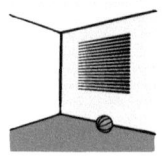

كف زمين

sakafu

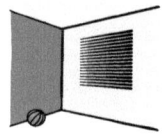

ديوار

ukuta

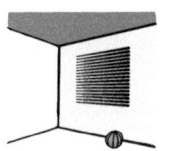

سقف

dari

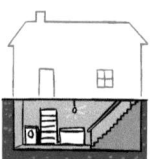

زيرزمين

pishi

سونا

sauna

بالكن

roshani

تراس

mtaro

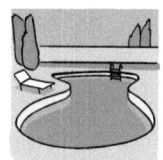

استخر

kidimbwi

ماشين چمنزنى

mashine ya kukata nyasi

ملافه

karatasi

روتختى

kitambaa cha kupamba
kitanda

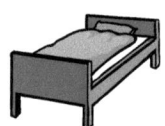

تخت خواب

kitanda

جارو

ufagio

سطل

ndoo

سويچ يا كليد

kubadili

اتاق نشیمن
sebuleni

کاغذ دیواری
mandhari
عکس
picha
لامپ
taa
قفسه
rafu
کابینت
kabati
تلویزیون
televisheni/runinga
شومینه
mekoni
گل
ua
کوسن
mto
کاناپه
sofa
گلدان
chombo cha maua
کنترل تلویزیون و ویدئو و غیره
kitenzambali

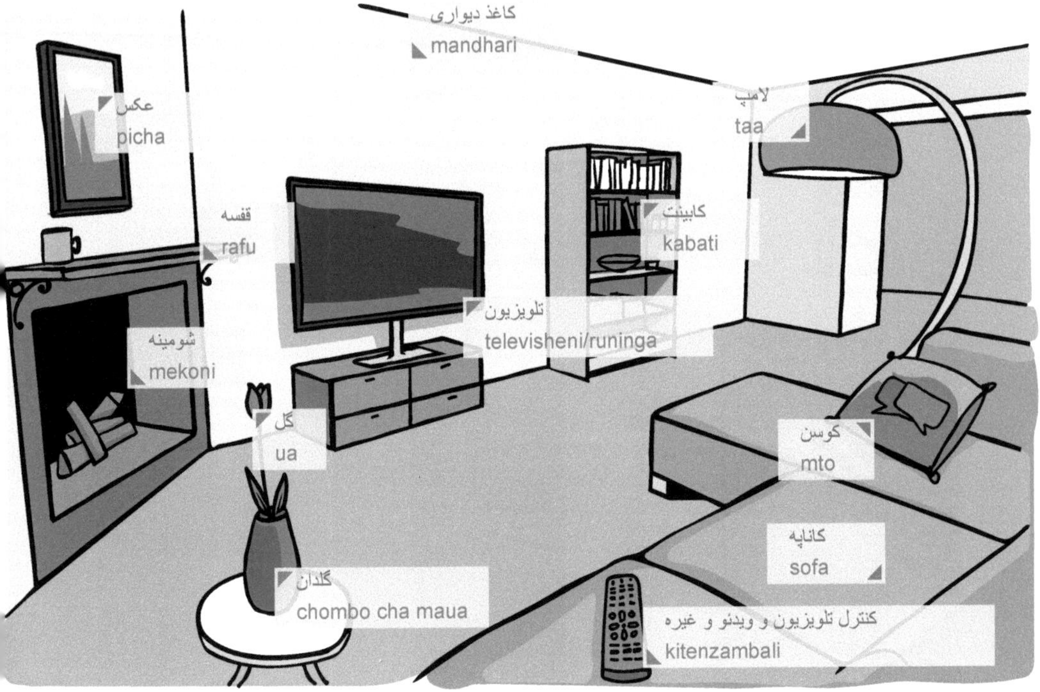

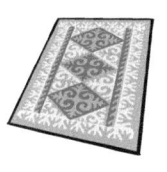

فرش
zulia

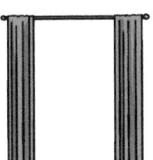

پرده
pazia

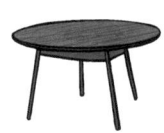

میز
meza

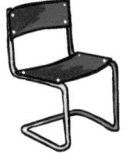

صندلی
kiti

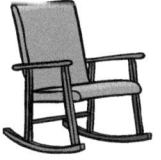

صندلی گهواره ایی
kiti cha bembea

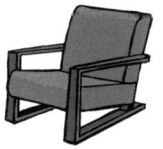

صندلی راحتی
armchair

كتاب

kitabu

لحاف

blanketi

دكوراسيون

mapambo

هيزم

kuni

فيلم

filamu

دستگاه ضبط صوت

kifaa cha hi-fi

كليد

ufunguo

روزنامه

gazeti

تابلو نقاشی

uchoraji

پوستر

bango

راديو

redio

دفترچه يادداشت

daftari

جاروبرقی

kifyonza

كاكتوس

dungusi kakati

شمع

mshumaa

آشپزخانه
jikoni

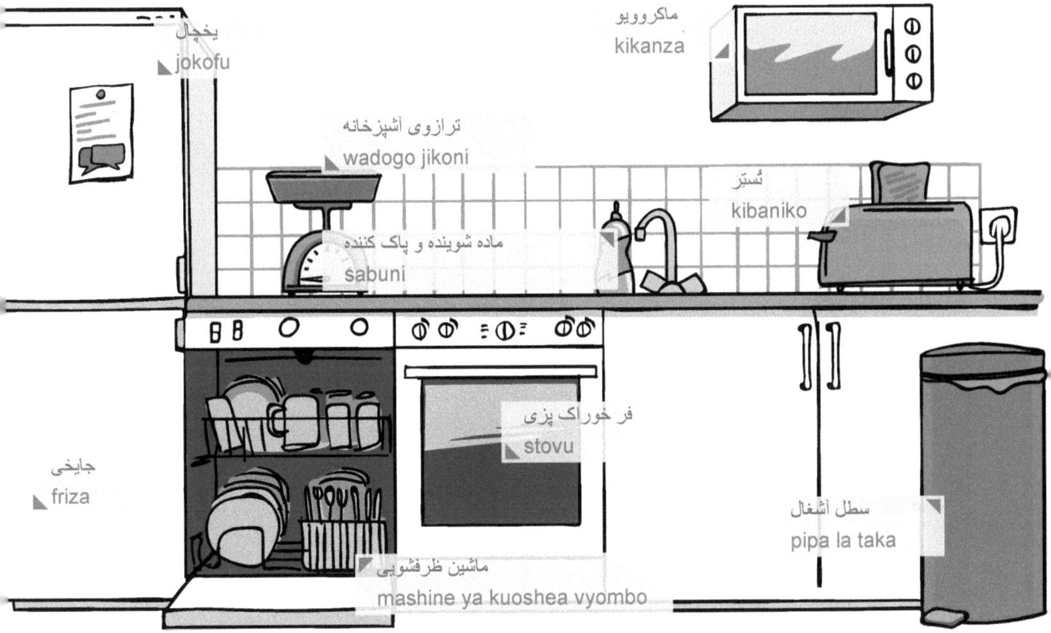

یخچال
jokofu
ماکروویو
kikanza
ترازوی آشپزخانه
wadogo jikoni
تُستر
kibaniko
ماده شوینده و پاک کننده
sabuni
فر خوراک پزی
stovu
جایخی
friza
سطل آشغال
pipa la taka
ماشین ظرفشویی
mashine ya kuoshea vyombo

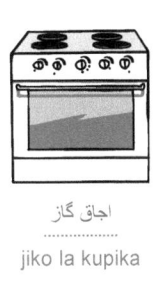

اجاق گاز

jiko la kupika

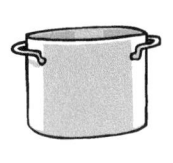

قابلمه

chungu

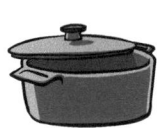

قابلمه چدنی

sufuria ya chuma

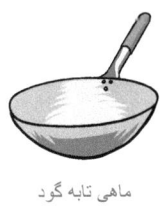

ماهی تابه گود

wok / kadai

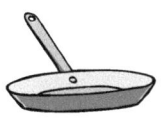

ماهی تابه

kaango

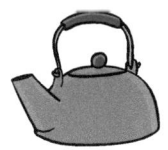

کتری

birika

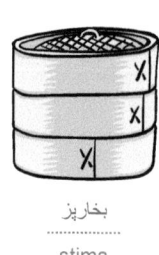

بخارپز

stima

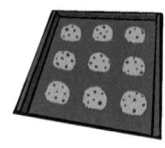

سینی فر

sinia ya kuoka

ظرف چینی آشپزخانه

vyombo vya udongo

لیوان

kombe

کاسه

bakuli

چاپستیک

vijiti vya kulia

ملاقه

ukawa

کفگیر

mwiko mpana

همزن

burashi

آبکش

kichujio

آبکش

chujio

رنده

mbuzi

هاون

chokaa

باربیکیو

barbeque

محل مخصوص افروختن آتش

moto wazi

تخته گوشت و سبزی

ubao wa majaribio

وردنه

kijiti cha kusukuma unga

در بطری بازکن

kizibuo

قوطی

kopo

در قوطی بازکن

inaweza kopo

دستگیره پارچه ای

kishikio cha chungu

سینک ظرفشویی

karo

برس گردگیری

brashi

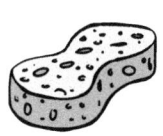

اسفنج

sifongo

مخلوط کن

kisagaji matunda

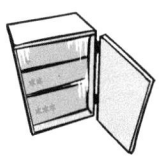

فریزر

friji ya kina

شیشه شیر بچه

chupa ya mtoto

شیر آب

bomba

حمام

bafu

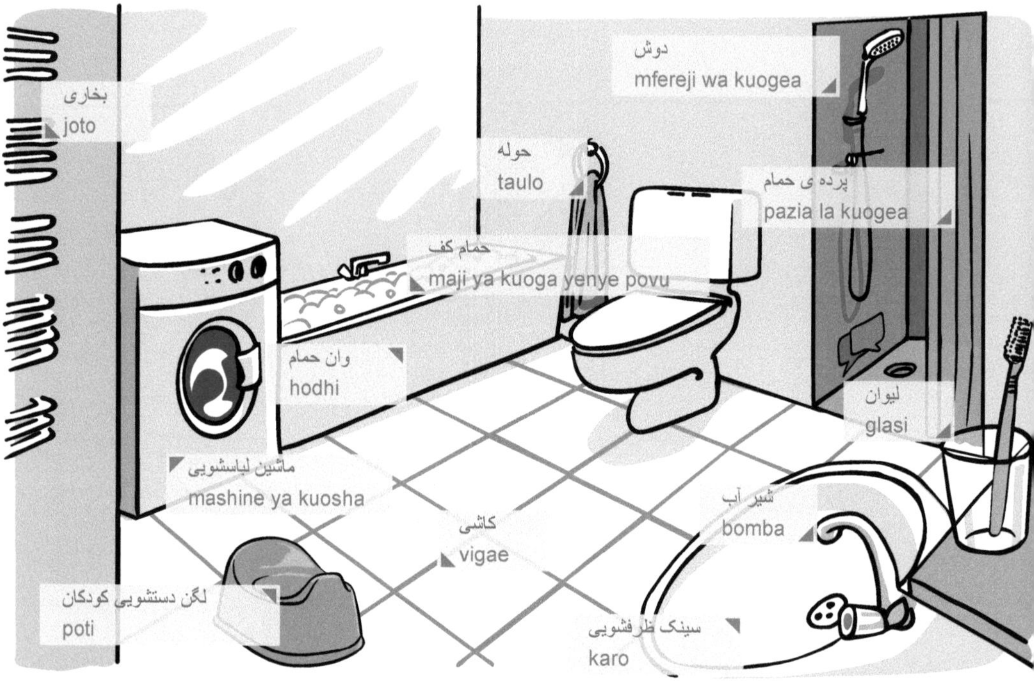

دوش
mfereji wa kuogea
بخاری
joto
حوله
taulo
پرده ی حمام
pazia la kuogea
حمام کف
maji ya kuoga yenye povu
وان حمام
hodhi
لیوان
glasi
ماشین لباسشویی
mashine ya kuosha
شیر آب
bomba
کاشی
vigae
لگن دستشویی کودکان
poti
سینک ظرفشویی
karo

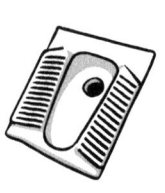

توالت

choo

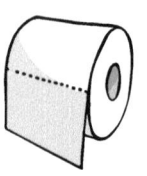

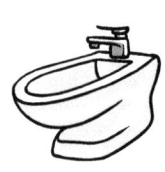

توالت ایرانی

choo cha squat

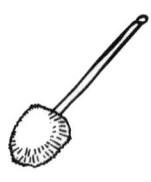

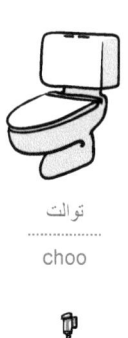

کاسه توالت

beseni la mviringo

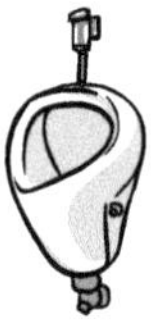

توالت مخصوص آقایان

choo cha umma

دستمال توالت

shashi

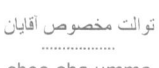

فرچه توالت

brashi ya choo

مسواک

mswaki

خمیردندان

dawa ya meno

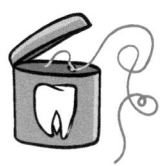

نخ دندان

dawa ya meno

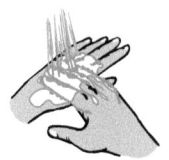

شستن

safisha

دوش آب تلفنی

kuoga mkono

شلنگ توالت

msukumo wa maji

لگن روشویی

bonde

برس شست و شوی پشت

mpako wa pili

صابون

sabuni

شامپو بدن

jeli ya kuogea

شامپو

shampuu

لیف حمام

flana

راه آب

toa maji

کرم

krimu

اسپری دئودورانت

kiondoa harufu

آیینه

kioo

آیینه ی کوچک دستی

kioo mkono

تیغ ریش تراشی

kinyozi

کف ریش‌تراشی

povu la kunyoa

آفترشیو

baada ya kunyoa

شانه ی سر

kichana

برس

brashi

سشوار

kikausha nywele

اسپری مو

marashi ya nyewele

آرایش

vipodozi

رژلب

kidomwa

لاک ناخن

varnish ya msumari

پنبه

pamba

قیچی ناخن

mkasi wa kucha

عطر

manukato

کیف لوازم آرایشی و بهداشتی

mkoba wa kuosha

چهارپایه

kinyesi

ترازو

mizani

حوله ی پالتویی

nguo ya kuoga

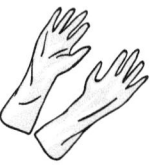

دستکش ظرفشویی

glavu za mpira

تامپون

kisodo

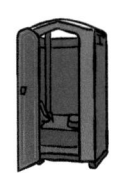

نوار بهداشتی

sodo

توالت سیار

kemikali choo

اتاق بچه
chumba ya mtoto

ساعت زنگدار
saa ya kengele
نوعی عروسک نرم به شکل حیوانات
kidoli cha kupakata
ماشین اسباب بازی
gari bandia
جغجغه
kelele
خانه ی عروسکی
chumba cha midoli
کادو
sasa

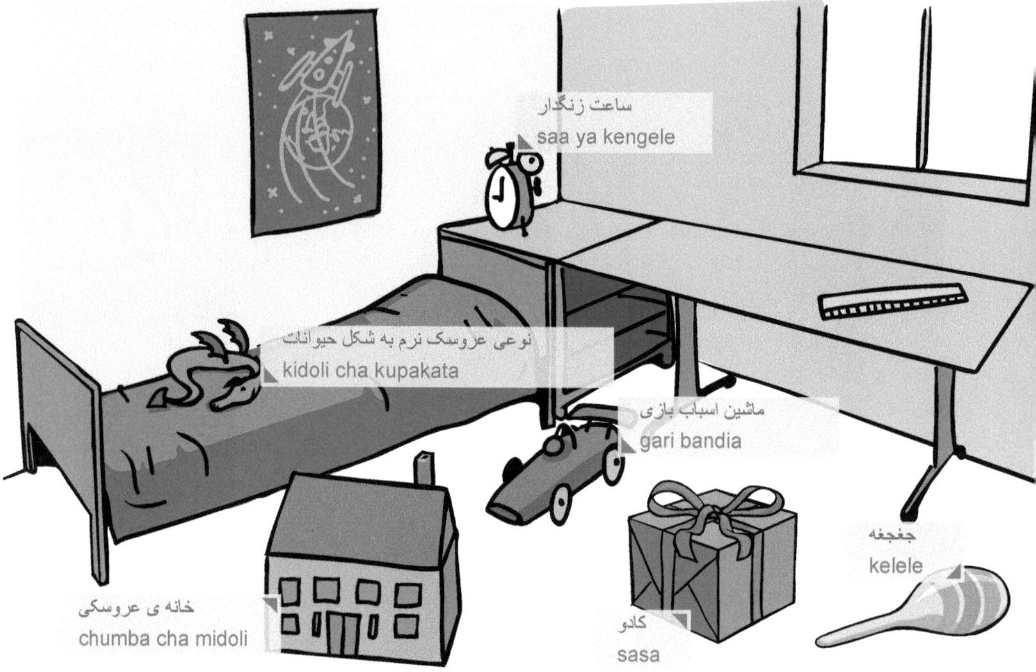

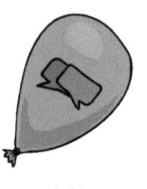

بادکنک
baluni

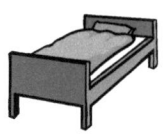

تخت خواب
kitanda

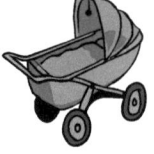

کالسکه بچه
mashua

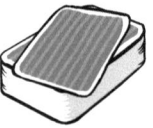

بازی ورق
staha ya kadi

پازل
mchezo-fumb

SUPER
MEGA

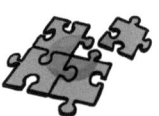

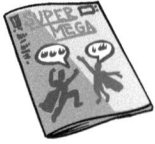

داستان مصور
vichekesho

اسباب بازی لگو

matofali lego

خانه سازی

vitalu mwigo

عروسک شخصیت های فیلم و کارتون

hatua takwimu

لباس نوزاد

suti ya kulalia

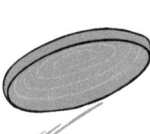

فریزبی

kisahani

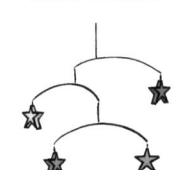

نوعی اسباب بازی که روی تخت نوزاد
یا کودک نصب می شود

simu

بازی روی صفحه

ubao wa michezo

تاس

kete

قطار اسباب بازی

garimoshi mwigo

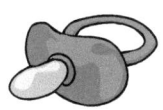

پستانک

dummy

مهمانی

chama

کتاب مصور

picha kitabu

توپ

mpira

عروسک

kikaragosi

بازی کردن

kucheza

جعبه شنی مخصوص بازی کودکان

shimo la mchanga

تاب

bembea

اسباب بازی

vitu bandia

کنسول بازی های کامپیوتری

kiweko cha video ya mchezo

سه چرخه

baiskeli ya magurudumu

خرس عروسکی

mwanasesere

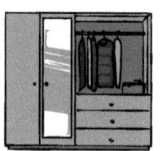

کمد لباس

kabati

matatu

جوراب

soksi

جوراب زنانه ساق بلند

stokingi

جوراب شلواری

kibano

شال
skafu

چتر
mwavuli

کمربند
ukanda

تی شرت
fulana

پوتین
viatu

دمپایی
ndara

کفش ورزشی کتانی
wakufunzi

صندل
malapa

کفش
viatu

چکمه پلاستیکی
mabuti ya mpira

شرت
suruali ya ndani

سوتین
sidiria

جلیقه
fulana

بادی

mwili

شلوار

suruali

جین

dangirizi

دامن

sketi

بلوز

blauzi

پیراهن

shati

پولیور

vuta

سویی شرت

sweta

نوعی کت

bleza

ژاکت

jaketi

کت بلند

koti

بارانی

koti la mvua

لباس نمایش

maleba

لباس

gauni

لباس عروس

mavazi ya harusi

کت و شلوار

suti

لباس خواب زنانه

vazi la usiku

پیژامه

pajama

ساری

sari

روسری

skafu

عمامه

kilemba

برقع

burka

قبا

kaftan

عبا

abaya

لباس شنا

vazi la kuogelea

شرت شنا

vazi la kiume la kuogelea

شلوارک

kaptura

لباس ورزشی

teitei

پیشبند

aproni

دستکش

glavu

دكمه

kifungo

عینک

glasi

دستبند

bangili

گردنبند

mkufu

انگشتر

pete

گوشواره

herini

كلاه لبه دار

kofia

چوب لباسی

kiango cha koti

كلاه

kofia

كراوات

tai

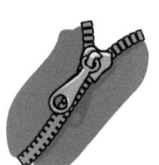

زیپ

zipu

كلاه ایمنی

kofia

بند شلوار

kanda za suruali

لباس مدرسه

sare za shule

لباس فرم

sare

پیش بند بچه
bibu

پستانک
dummy

پوشک بچه
nepi

سرور
seva

کمد نگهداری پرونده
kabati la kuweka faili

چاپگر
kichapishaji

مانیتور
kiwambo

کاغذ
karatasi

میز تحریر
dawati

ماوس
kipanya

زونکن
folda

صفحه کلید
kibodi

صندلی
kiti

سبد کاغذ ب
apu cha kuweka karatasi chafu

کامپیوتر
kompyuta

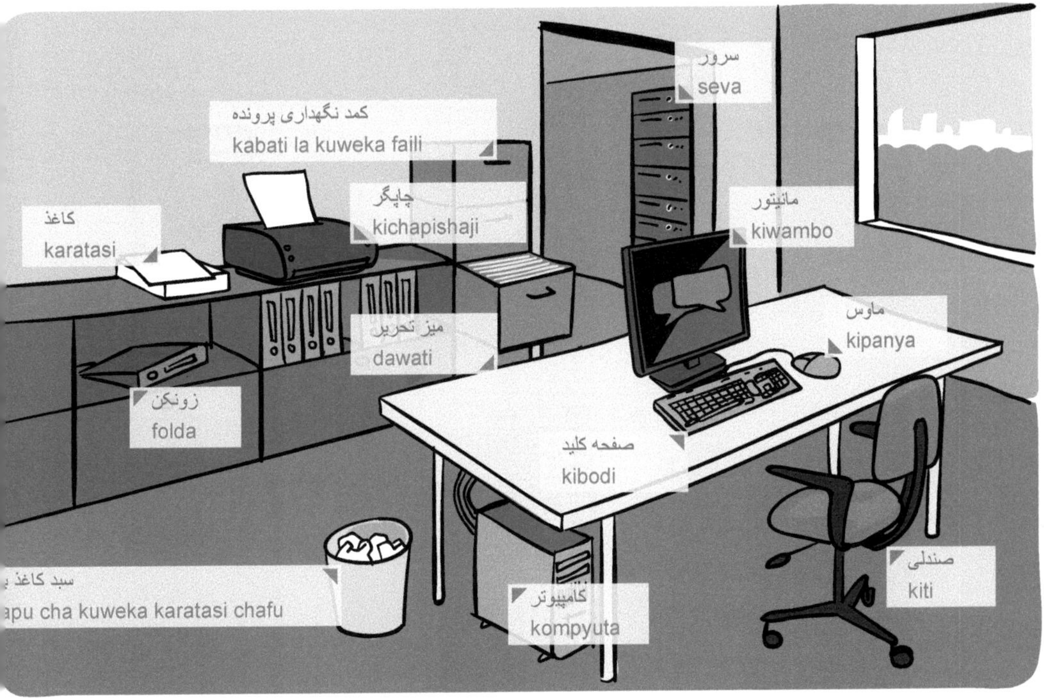

لیوان قهوه
kmobe la kahawa

ماشین حساب
kikokotoo

اینترنت
biashara

لپ تاپ

mbali

نامه

barua

پیغام

ujumbe

تلفن همراه

rununu

شبکه ی ارتباطی

intaneti

دستگاه فتوکپی

fotokopia

نرم افزار

programu

تلفن

simu

پریز

soketi

دستگاه فاکس

kipepesi

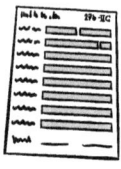

فرم

fomu

مدرک

hati

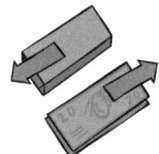

خریدن

kununua

پرداخت کردن

kulipa

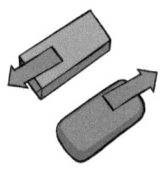

تجارت کردن

biashara

پول

fedha

دلار

dola

یورو

yuro

ین

yeni

روبل

rouble

فرانک سوئیس

faranga ya Uswisi

یوان رنمینبی

renminbi yuan

روپیه

rupia

دستگاه خودپرداز

eneo la kulipia

صرافی

ofisi ya ubadilishanaji

طلا

dhahabu

نقره

fedha

نفت

mafuta

انرژی

nishati

قیمت

bei

قرارداد

mkataba

مالیات

kodi

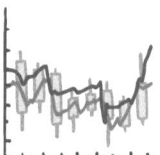

سهام سرمایه

bidhaa

کار کردن

kazi

کارمند

mfanyakazi

کارفرما

mwajiri

کارخانه

kiwanda

مغازه

duka

مشاغل

kazi

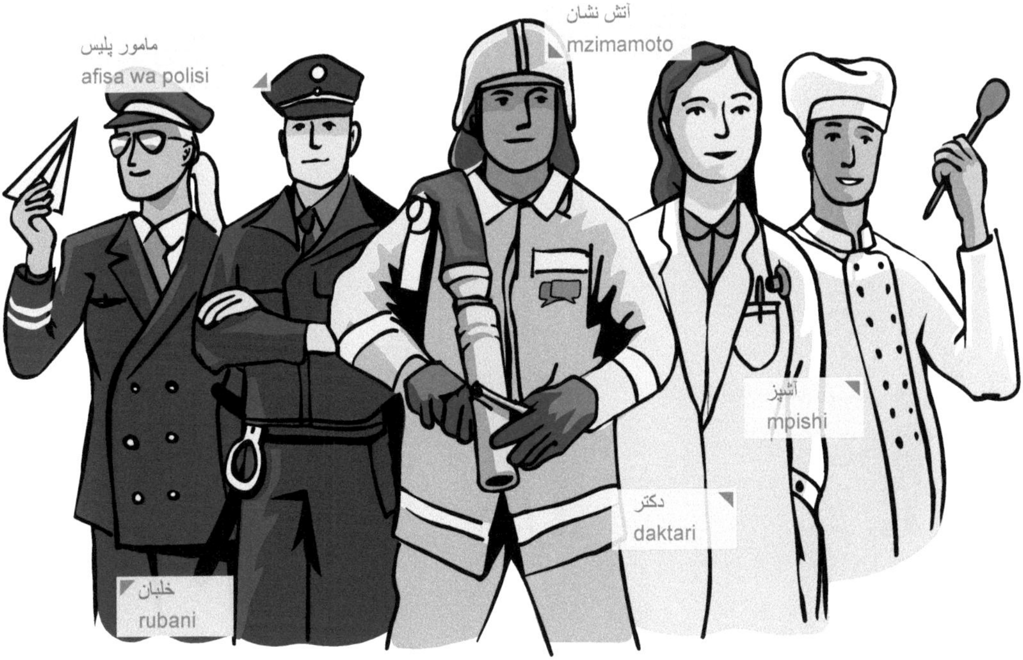

مامور پلیس
afisa wa polisi
آتش نشان
mzimamoto
آشپز
mpishi
دکتر
daktari
خلبان
rubani

باغبان

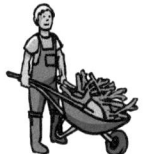

mtunza bustani

نجار

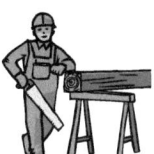

seremala

خیاط زنانه

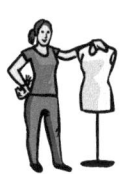

mshonaji

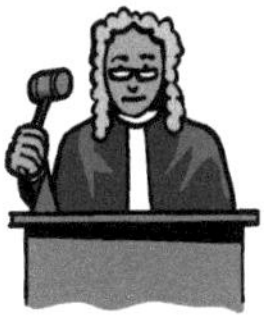

قاضی

hakimu

شیمیدان

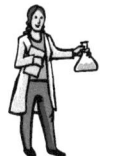

mwanakemia

بازیگر

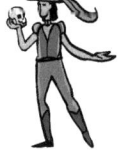

muigizaji

راننده اتوبوس

dereva wa basi

راننده تاکسی

dereva wa teksi

ماهیگیر

mvuvi

نظافتچی زن

mwanamke wa kusafisha

سقف ساز

mwezekaji

پیشخدمت رستوران

mhudumu

شکارچی

mwindaji

نقاش

mchoraji

نانوا

mwokaji

برقکار

umeme

کارگر ساختمانی

mjenzi

مهندس

mhandisi

قصاب

mchinjaji

لوله کش

fundi bomba

پستچی

mwanaposta

سرباز

mwanajeshi

معمار

msanifu majengo

صندوق‌دار

keshia

گل فروش

muuza maua

آرایشگر

msusi

مامور کنترل بلیط در قطار

kondakta

مکانیک

mekanika

ناخدا

nahodha

دندانپزشک

daktari wa meno

دانشمند

mwanasayansi

عالم یهودی

rabbi

امام

imamu

راهب

mtawa

کشیش

kasisi

ابزارآلات

zana

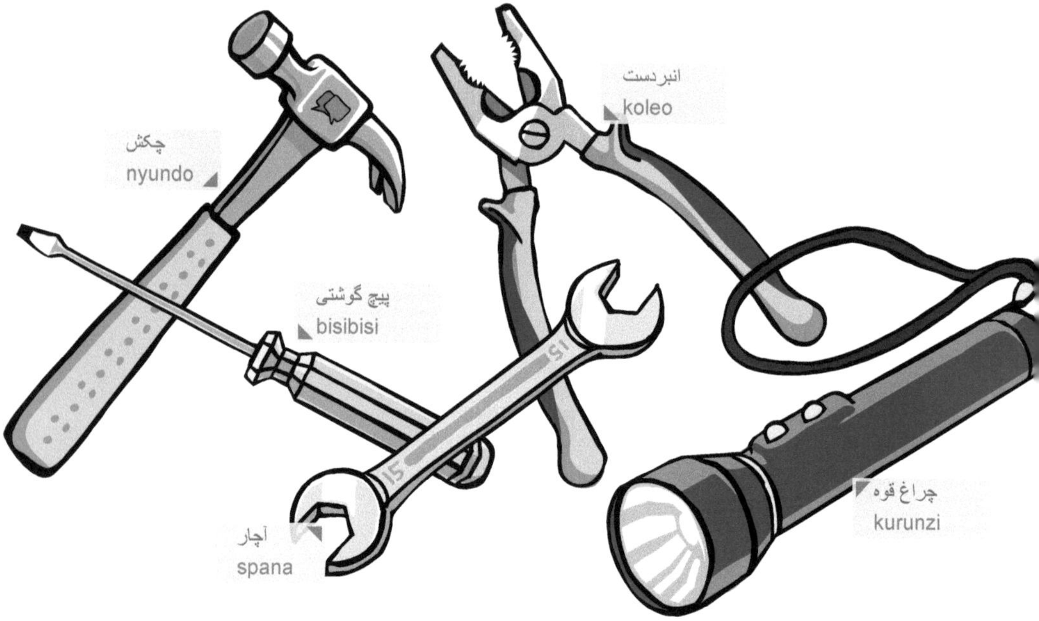

چکش
nyundo
انبردست
koleo
پیچ گوشتی
bisibisi
آچار
spana
چراغ قوه
kurunzi

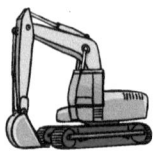

بیل مکانیکی

mchimbaji

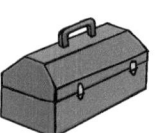

جعبه ابزار

sanduku la vifaa

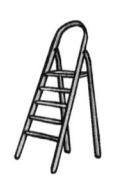

نردبان

ngazi

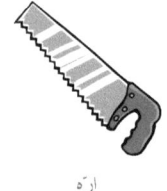

ارّه

msumeno

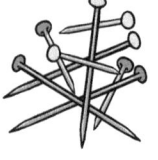

میخ

misumari

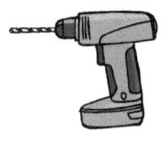

مته

kuchimba visima

تعمیر کردن

kukarabati

بیل

sepetu

لعنتی!

Lo!

خاک انداز

kishikio cha uchafu

سطل رنگ‌ریزی

chungu cha rangi

پیچ

skurubu

آلات موسیقی

ala za muziki

بلندگو
spika

درامز
mpangilio wa ngoma ◀

گیتار
gita ◀

کنترباس
besi mara mbili ◀

ترومپت
tarumbeta

پیانو

piano

ویولن

fidla

گیتار بیس

ubeji

تیمپانی

timpani

طبل

ngoma

کیبورد الکتریک

kibodi

ساکسیفون

saksafoni

فلوت

filimbi

میکروفون

maikrofoni

باغ وحش

bustani ya wanyama

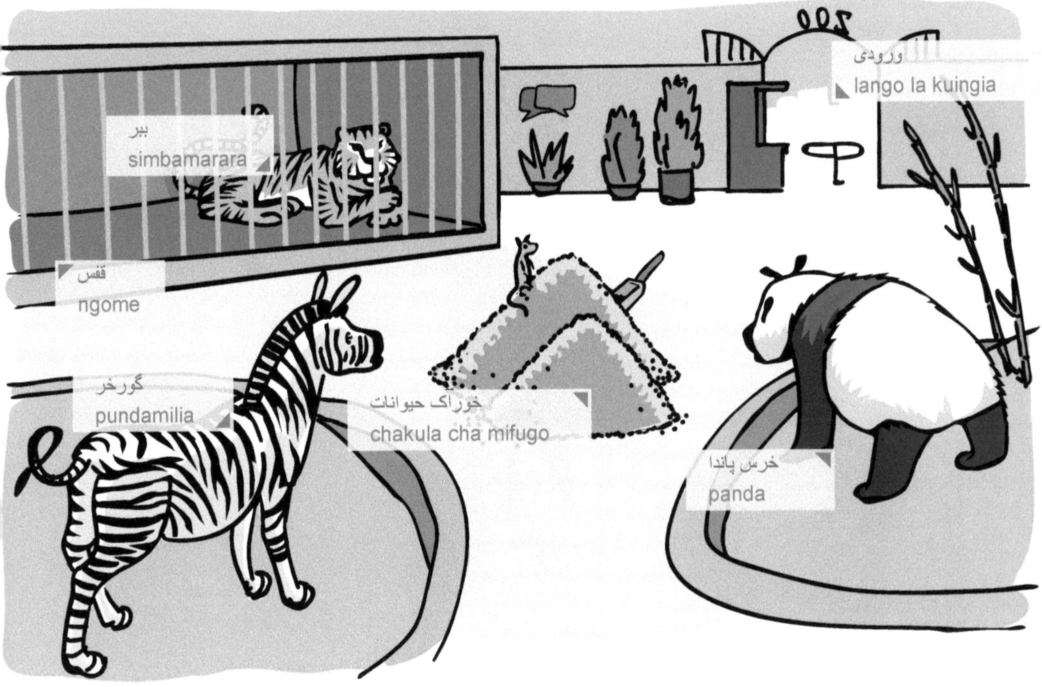

ورودی
lango la kuingia
ببر
simbamarara
قفس
ngome
گورخر
pundamilia
خوراک حیوانات
chakula cha mifugo
خرس پاندا
panda

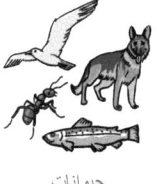

حیوانات

....

wanyama

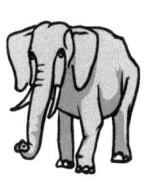

فیل

....

tembo

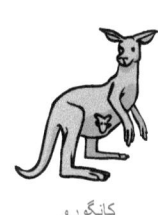

کانگورو

....

kangaruu

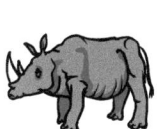

کرگدن

....

kifaru

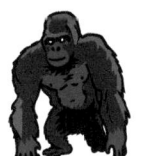

گوریل

....

sokwe

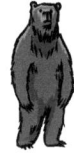

خرس

....

dubu

شترَ

ngamia

شترمرغ

mbuni

شیر

simba

میمون

tumbili

فلامینگو

heroe

طوطی

kasuku

خرس قطبی

dubu

پنگوئن

penguini

کوسه

papa

طاووس

tausi

مار

nyoka

تمساح

mamba

نگهبان باغ وحش

mtunza wanyama

خوک آبی

muhuri

پلنگ امریکایی

jaguar

اسب کوچک

mwanafarasi

پلنگ

chui

اسب آبی

kiboko

زرافه

twiga

عقاب

tai

گراز

nguruwe mwitu

ماهی

samaki

لاک پشت

kobe

شیرماهی

sili

روباه

mbweha

غزال

paa

فوتبال آمریکایی
soka ya marekani

دوچرخه سواری
uendeshaji baiskeli

تنیس
tenisi

بسکتبال
mpira wa kikapu

شنا
kuogelea

بوکس
ndondi

هاکی روی یخ
magongo ya barafuni

فوتبال
soka

بدمینتون
vinyoya

دوومیدانی
riadha

هندبال
mpira wa mikono

اسکی
skii

پولو
polo

فعالیت ها
shughuli

خندیدن
cheka
پریدن
kuruka
بغل کردن
kumbatia
راه رفتن
kutembea
آواز خواندن
kuimba
رؤیا دیدن
ota ndoto
دعا کردن
kuomba
بوسیدن
busu

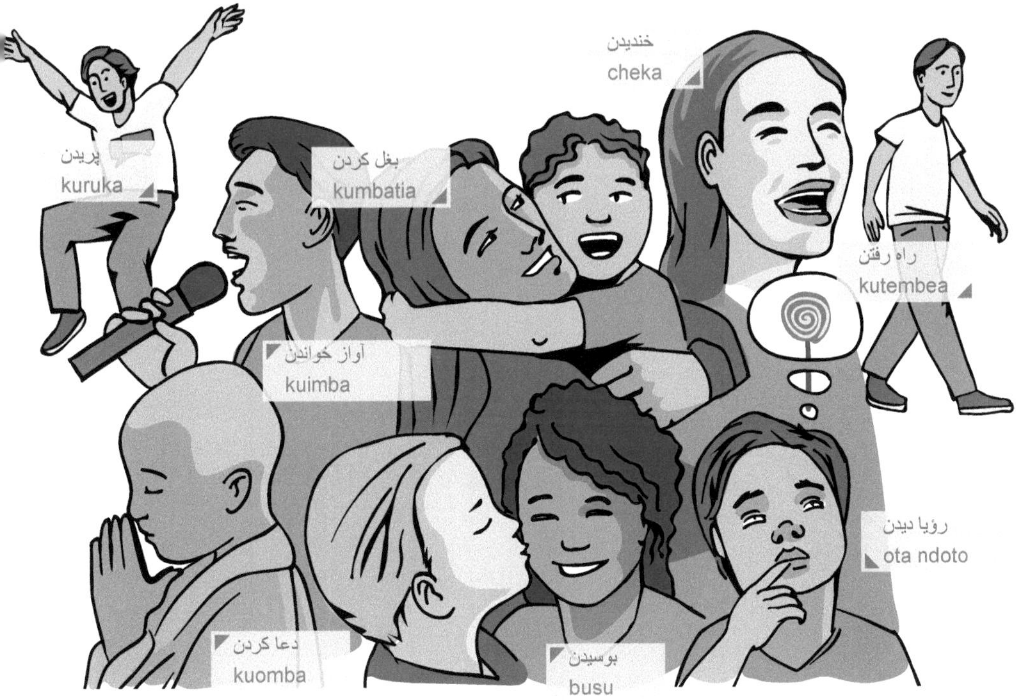

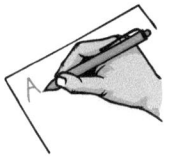

نوشتن

kuandika

رسم کردن

kuteka

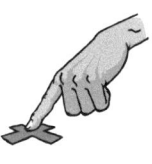

نشان دادن

angalia

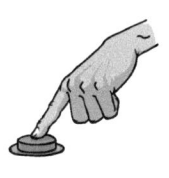

هل دادن

sukuma

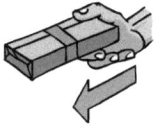

دادن

kutoa

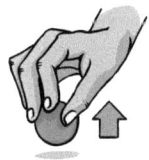

برداشتن

kuchukua

داشتن

kuwa

انجام دادن

fanya

بودن

kuwa

ایستادن

kusimama

دویدن

kukimbia

کشیدن

vuta

پرتاب کردن

kutupa

افتادن

kuanguka

دراز کشیدن

hadaa

منتظر بودن

kusubiri

حمل کردن

kubeba

نشستن

kukaa

لباس پوشیدن

vaa nguo

خوابیدن

usingizi

بیدار شدن

kuamka

تماشا کردن

kuangalia

گریه کردن

lia

نوازش کردن

kiharusi

شانه کردن

chana nywele

حرف زدن

ongea

فهمیدن

kuelewa

پرسیدن

kuuliza

شنیدن

kusikiliza

آشامیدن

kunywa

خوردن

kula

مرتب کردن

nadhifisha

عاشق بودن

upendo

پختن

mpishi

رانندگی کردن

gari

پرواز کردن

kuruka

قایقرانی کردن

meli

محاسبه کردن

kokotoa

خواندن

kusoma

یاد گرفتن

kujifunza

کار کردن

kazi

ازدواج کردن

kuoa

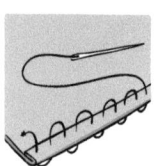

دوختن

kushona

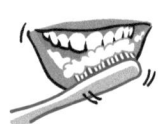

مسواک زدن

piga mswaki

کشتن

kuua

سیگار کشیدن

moshi

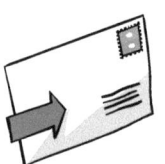

فرستادن

kutuma

خانواده

familia

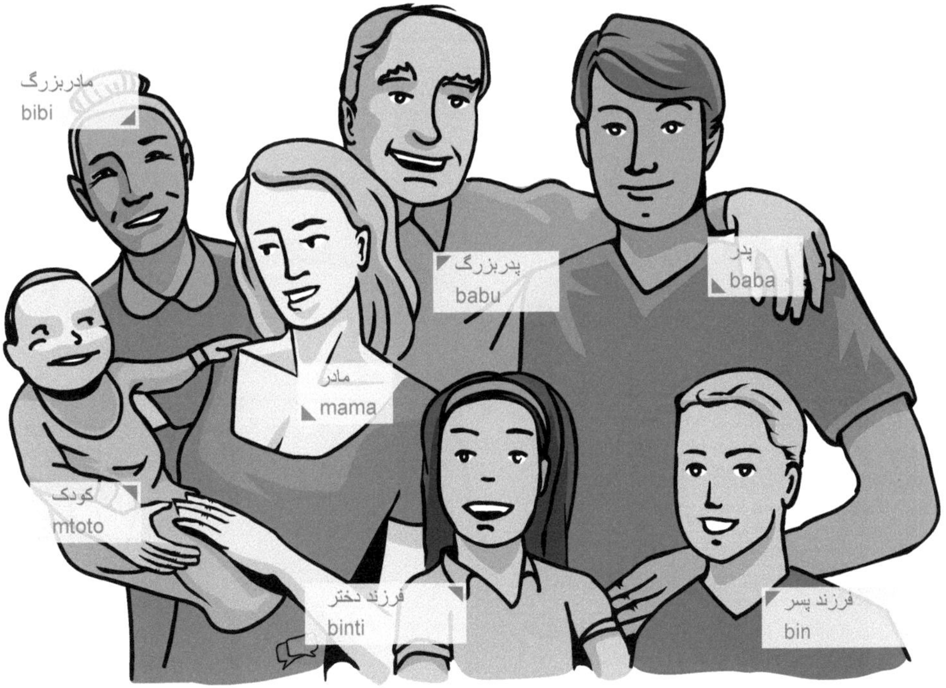

مادربزرگ
bibi
پدربزرگ
babu
پدر
baba
مادر
mama
کودک
mtoto
فرزند دختر
binti
فرزند پسر
bin

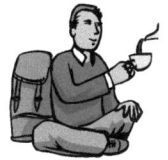

مهمان

mgeni

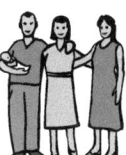

خاله، عمه

shangazi

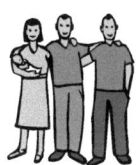

دایی، عمو

mjomba

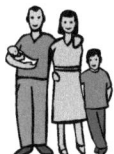

برادر

kaka

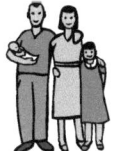

خواهر

dada

بدن
mwili

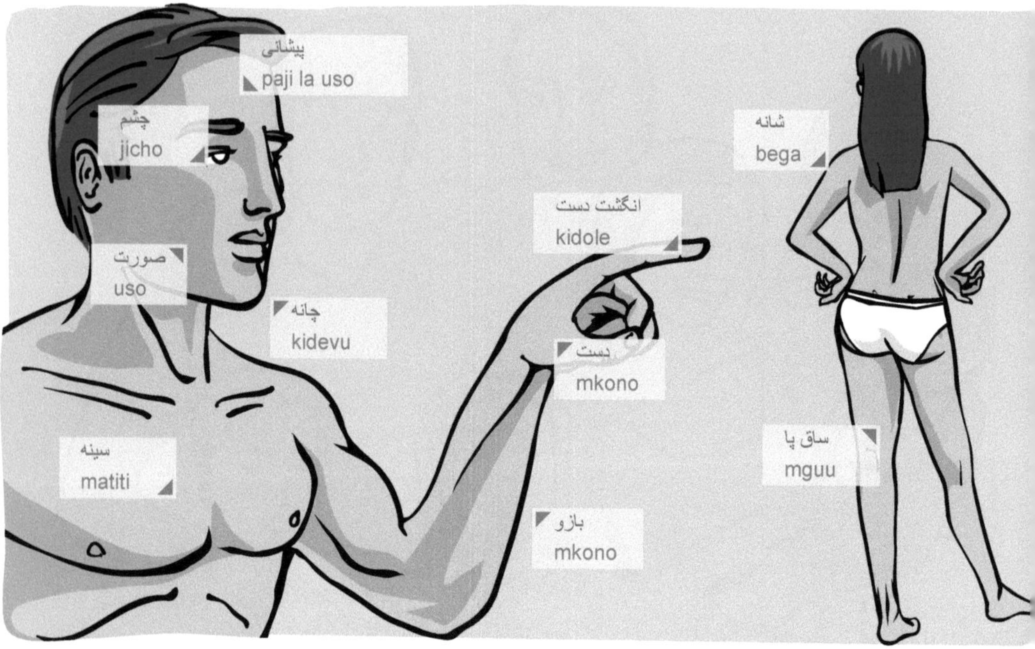
پیشانی
paji la uso
چشم
jicho
شانه
bega
انگشت دست
kidole
صورت
uso
چانه
kidevu
دست
mkono
سینه
matiti
ساق پا
mguu
بازو
mkono

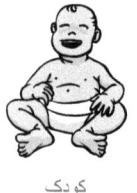

کودک

mtoto

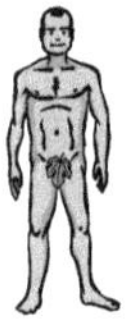

مرد

mwanamume

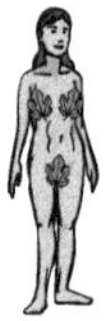

زن

mwanamke

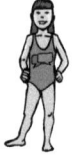

دختربچه

msichana

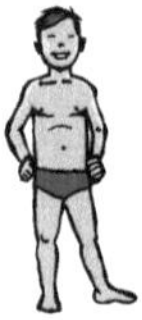

پسربچه

mvulana

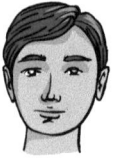

کله

kichwa

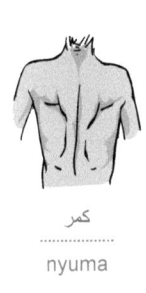

كمر

nyuma

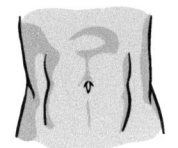

شكم

tumbo

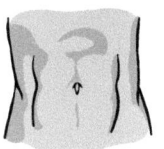

ناف

kitovu

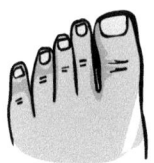

انگشت پا

chano

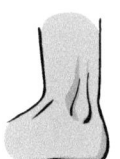

پاشنه

kisigino

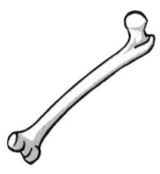

استخوان

mfupa

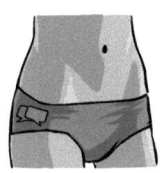

لگن

nyonga

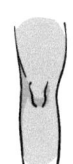

زانو

goti

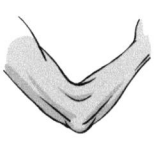

آرنج

kiwiko

بینی

pua

نشیمنگاه

chini

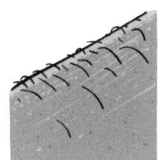

پوست

ngozi

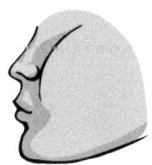

گونه

shavu

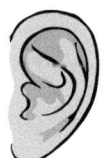

گوش

sikio

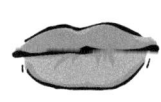

لب

mdomo

دهان

kinywa

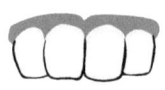

دندان

jino

زبان

ulimi

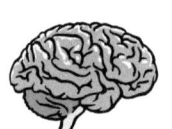

مغز

ubongo

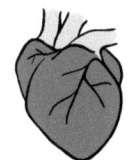

قلب

moyo

عضله

misuli

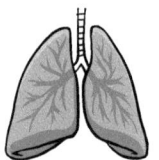

ریه

pafu

کبد

ini

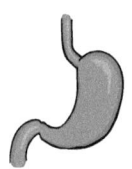

معده

tumbo

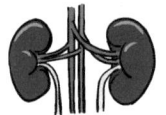

کلیه

figo

آمیزش جنسی

jinsia

کاندوم

kondomu

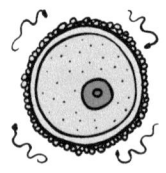

تخمک

ovari

اسپرم

shahawa

حاملگی

mimba

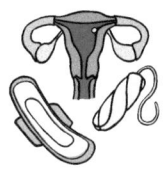

پریود

hedhi

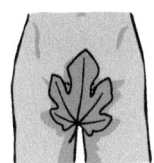

واژن

uke

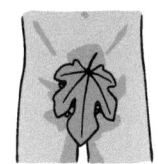

آلت تناسلی مرد

uume

ابرو

unyusi

مو

nywele

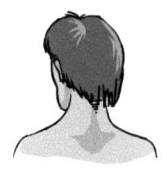

گردن

shingo

بیمارستان

hospitali

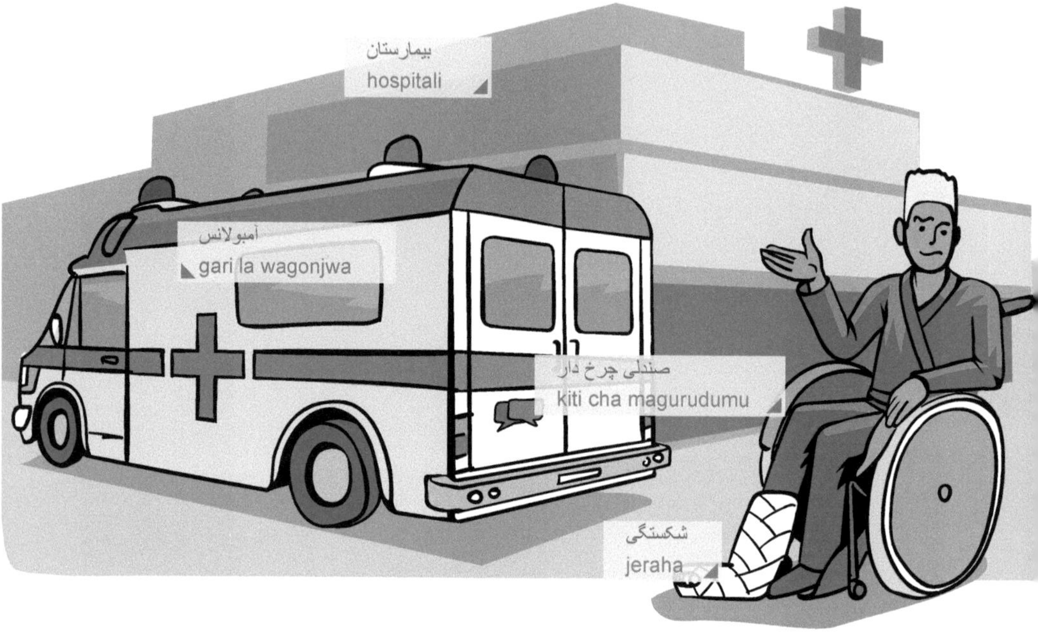

بیمارستان
hospitali
آمبولانس
gari la wagonjwa
صندلی چرخ دار
kiti cha magurudumu
شکستگی
jeraha

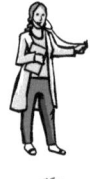

دکتر

daktari

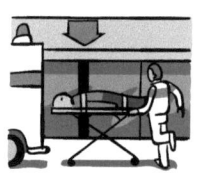

بخش اورژانس

chumba cha dharura

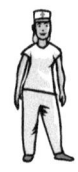

پرستار

muuguzi

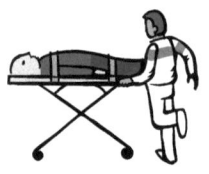

موقعیت اضطراری

dharura

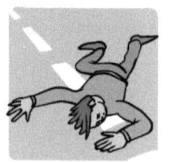

بی هوش

kupoteza fahamu

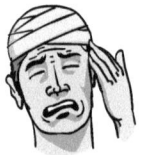

درد

maumivu

مصدوميت

kuumia

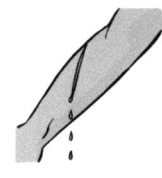

خونريزى

kutokwa na damu

سكته قلبى

mshtuko wa moyo

سكته مغزى

kiharusi

آلرژى

mzio

سرفه

kikohozi

تب

homa

آنفولانزا

mafua

اسهال

kuharisha

سردرد

maumivu ya kichwa

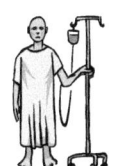

سرطان

kansa

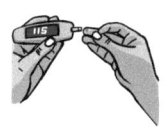

ديابت

ugonjwa wa kisukari

جراح

daktari mpasuaji

چاقوى جراحى

kisu kidogo cha kupasulia

عمل جراحى

operesheni

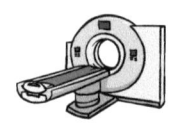

سی تی اسکن

picha changanufu ya mwili

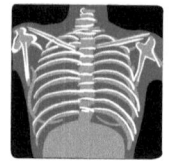

پرتونگاری

Eksrei

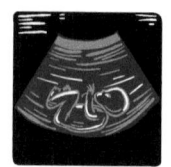

سونوگرافی

mawimbi sauti

ماسک صورت

barakoa ya uso

بیماری

ugonjwa

اتاق انتظار

chumba cha kusubiri

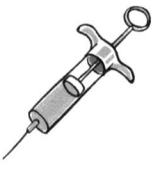

چوب زیر بغل

mkongojo

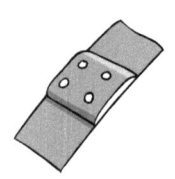

چسب زخم

plasta

پانسمان

bendeji

تزریق

sindano

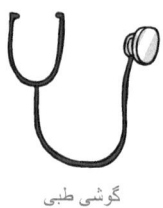

گوشی طبی

stetoskopu

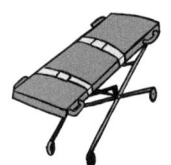

برانکار

machela

دماسنج

kipimajoto cha kliniki

زایش

kuzaliwa

اضافه وزن

unene kupita kiasi

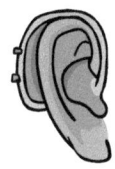

سمعک
....
kusikia misaada

ماده ضد غفونی کننده
....
kipukusi

عفونت
....
maambukizi

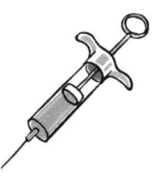

ویروس
....
virusi

اچ أی وی / ایدز
....
VVU / UKIMWI

دارو
....
dawa

واکسیناسیون
....
chanjo

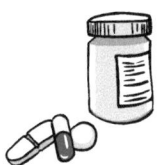

قرص
....
vidonge

قرص ضد حاملگی
....
kidonge

تماس اظطراری
....
simu ya dharura

دستگاه اندازه گیری فشارخون
....
haemodainamometa

مریض / سالم
....
mgonjwa / mwenye afya

کمک!

Msaada!

آژیر خطر

kengele

حمله

pigo

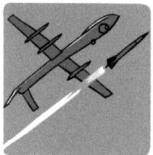

حمله ی فیزیکی

shambulizi

خطر

hatari

خروج اظطراری

lango la dharura

آتش

Moto!

کپسول آتش نشانی

kizima moto

تصادف

ajali

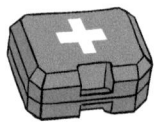

جعبه کمک های اولیه

vifaa vya huduma ya
kwanza

درخواست کمک

wito wa msaada

پلیس

polisi

اروپا

Ulaya

آمریکای شمالی

Amerika ya Kaskazini

آمریکای جنوبی

Amerika ya Kusini

آفریقا

Afrika

آسیا

Asia

استرالیا

Australia

اقیا نوس اطلس

Atlantiki

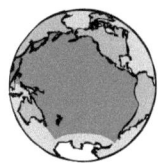

اقیانوس آرام

Pasifiki

اقیانوس هند

Bahari ya Hindi

اقیا نوس اطلس جنوبی

Bahari ya Antaktiki

اقیانوس منجمد شمالی

Bahari ya Aktiki

قطب شمال

Ncha ya Kaskazini

قطب جنوب

Ncha ya Kusini

قاره قطب جنوب

Antaktika

کره زمین

dunia

سرزمین

nchi

دریا

bahari

جزیره

kisiwa

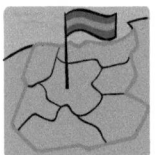

ملت

taifa

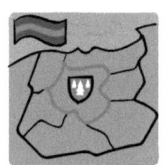

کشور

jimbo

صفحه ی ساعت

uso wa saa

ساعت شمار

akrabu ya saa

دقیقه شمار

akrabu ya dakika

ثانیه شمار

akrabu ya sekunde

ساعت چند است؟

Ni saa ngapi?

روز

siku

زمان

wakati

اکنون

sasa

ساعت دیجیتال

saa ya dijitali

دقیقه

dakika

ساعت

saa

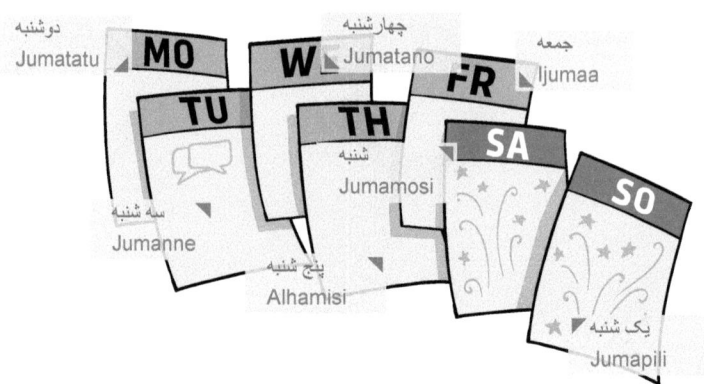

دوشنبه
Jumatatu

چهارشنبه
Jumatano

جمعه
Ijumaa

سه شنبه
Jumanne

شنبه
Jumamosi

پنج شنبه
Alhamisi

یک شنبه
Jumapili

دیروز
jana

امروز
leo

فردا
kesho

صبح
asubuhi

ظهر
saa sita mchana

غروب
jioni

روزهای کاری
siku za biashara

آخر هفته
mwishoni mwa wiki

سال
mwaka

باران
mvua
رنگین کمان
upinde wa mvua
برف
theluji
باد
upepo
بهار
majira ya machipuko
پاییز
vuli
تابستان
kiangazi
زمستان
majira ya baridi

4.APRIL 11°
5.APRIL 4°
6.APRIL 13°
7.APRIL 8°
8.APRIL 10°

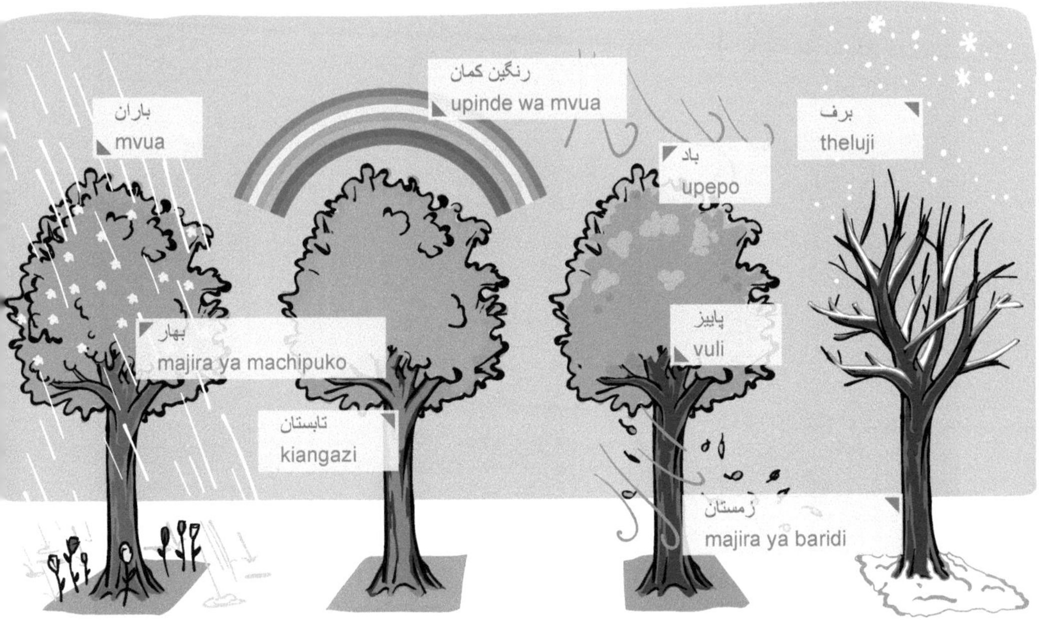

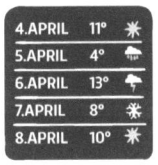

پیش‌بینی اوضاع جوی
utabiri wa hali ya hewa

F C
120 40
90 30
60 20
30 10
0 0
-30 -10
-20

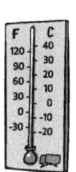

دماسنج
kipimajoto

تابش آفتاب
mwanga wa jua

ابر
wingu

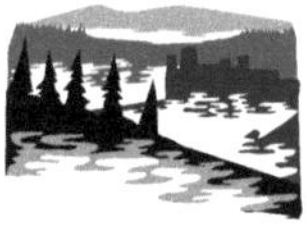

مه
ukungu

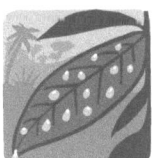

رطوبت هوا
unyevu

صاعقه
....
umeme

آسمان غره
....
radi

طوفان
....
dhoruba

تگرگ
....
mvua ya mawe

باد موسمی
....
monsuni

سیل
....
mafuriko

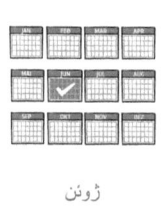

یخ
....
barafu

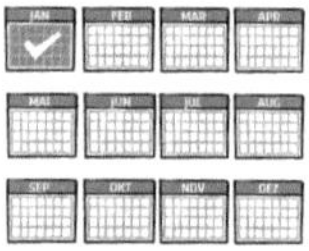

ژانویه
....
Januari

فوریه
....
Februari

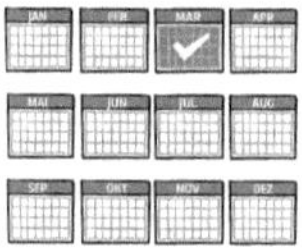

مارس
....
Machi

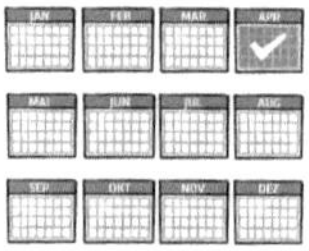

آوریل
....
Aprili

مه
....
Mei

ژوئن
....
Juni

ژوئیه
....
Julai

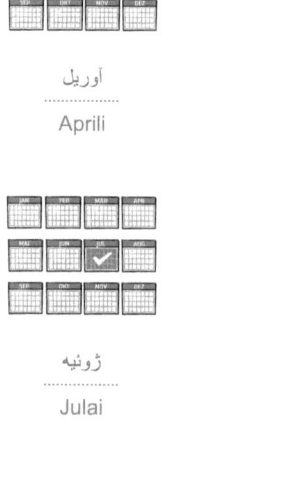

اگوست
....
Agosti

سپتامبر
....
Septemba

اكتبر
....
Oktoba

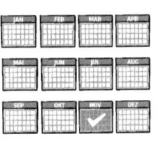

نوامبر
....
Novemba

دسامبر
....
Desemba

أشكال

maumbo

دایره
....
mduara

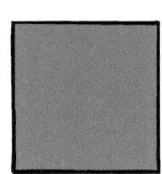

مربع
....
mraba

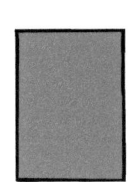

مستطیل
....
mstatili

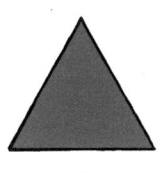

سه گوش
....
pembetatu

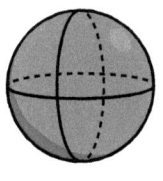

کره
....
nyanja

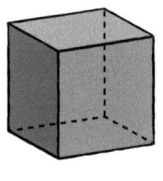

مكعب مربع
....
mchemraba

سفید

nyeupe

زرد

manjano

نارنجی

chungwa

صورتی

rangi ya waridi

قرمز

nyekundu

بنفش

hudhurungi

آبی

bluu

سبز

kijani

قهوه ای

hanja

خاکستری

jivujivu

سیاه

nyeusi

خیلی / کم

mengi / kidogo

خشمگین / آرام

hasira / pole

زیبا / زشت

nzuri / mbaya

شروع / پایان

mwanzo / mwisho

بزرگ / کوچک

kubwa / ndogo

روشن / تیره

angavu / giza

برادر / خواهر

kaka / dada

تمیز / آلوده

safi / chafu

کامل / ناقص

kamilika / tokamilika

روز / شب

siku / usiku

مرده / زنده

wafu / hai

پهن / باریک

pana / nyembamba

قابل خوردن / غیر قابل خوردن

....

kulika / kutolika

غضبناک / مهربان

....

ovu / ema

هیجان زده / بی حوصله

....

sisimkwa / udhika

چاق / لاغر

....

nene / nyembamba

اولین / آخرین

....

kwanza / mwisho

دوست / دشمن

....

rafiki / adui

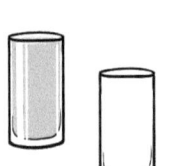

پر / خالی

....

jaa / tupu

سفت / نرم

....

ngumu / laini

سنگین / سبک

....

nzito / nyepesi

گرسنگی / تشنگی

....

njaa / kiu

مریض / سالم

....

mgonjwa / mwenye afya

غیرقانونی / قانونی

....

haramu / kisheria

باهوش / خنگ

....

akili / kijinga

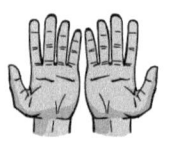

چپ / راست

....

kushoto / kulia

نزدیک / دور

....

karibu / mbali

نو / استفاده شده

mpya / kutumika

هیچ چیز / چیزی

kitu / jambo

پیر / جوان

zee / changa

روشن / خاموش

waka / zima

باز / بسته

wazi / fungwa

آهسته / بلند

utulivu / kelele

ثروتمند / فقیر

tajiri / masikini

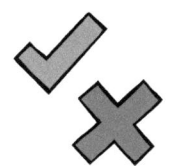

درست / غلط

sahihi / kosa

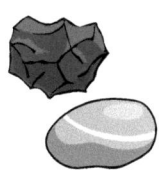

زبر / صاف

mbaya / laini

غمگین / خوشحال

huzunika / furahia

کوتاه / بلند

fupi /ndefu

کند / تند

polepole / haraka

تَر / خشک

nyevu / kavu

گرم / خنک

joto / baridi

جنگ / صلح

vita / amani

nambari

0	**1**	**2**
صفر	یک	دو
sufuri	moja	mbili
3	**4**	**5**
سه	چهار	پنج
tatu	nne	tano
6	**7**	**8**
شش	هفت	هشت
sita	saba	nane
9	**10**	**11**
نه	ده	یازده
tisa	kumi	kumi na moja

12

دوازده

kumi na mbili

13

سیزده

kumi na tatu

14

چهارده

kumi na nne

15

پانزده

kumi na tano

16

شانزده

kumi na sita

17

هفده

kumi na saba

18

هجده

kumi na nane

19

نوزده

kumi na tisa

20

بیست

ishirini

100

صد

mia

1.000

هزار

elfu

1.000.000

میلیون

milioni

انگلیسی

Kiingereza

انگلیسی آمریکایی

Kiingereza cha Marekani

چینی ماندارین

Kimandarini cha Uchina

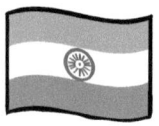

هندی

Kihindi

اسپانیایی

Kihispania

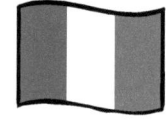

فرانسوی

Kifaransa

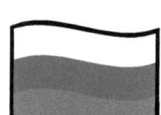

عربی

Kiarabu

روسی

Kirusi

پرتغالی

Kireno

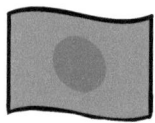

بنگالی

Kibengali

آلمانی

Kijerumani

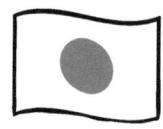

ژاپنی

Kijapani

من

mimi

تو

wewe

او

yeye / yeye / ni

ما

sisi

شما

wewe

آنها

wao

چه کسی؟ کی؟

nani?

چی؟

nini?

چگونه؟

jinsi gani?

کجا؟

wapi?

کی؟

lini?

نام

jina

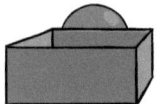

پشت

nyuma

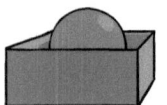

توی

katika

جلو

mbele ya

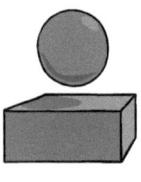

بالای

juu ya

روی

kwenye

زیر

chini ya

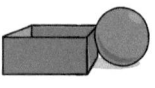

مجاور

kando

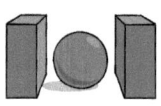

بین

kati

مکان

mahali